찰

이원윤 지음

if books

이 책은 이원윤 저자의 2019년도 하버드대학 의료인류학 석사학위 논문 「미소지니에 대답하기, 혐오발언 되돌려주기 - 한국의 온라인 페미니즘 : 메갈리아Responding to Misogyny, Reciprocating Hate Speech-South Korea's Online Feminism Movement: Megalia, Diss」를 한글로 다시 옮겨 완성되었습니다.

이 책에는 다양한 커뮤니티 및 사이트의 게시글이 인용되었으며 소라넷, 메갈리아의 경우 폐쇄된 사이트이므로 저작권 관계가 명확지 않아 재사용 허락을 받을 수 없었습니다. 특히 메갈리아에 관해 인용된 인터넷 게시글의 저작권은 메갈리아에서 활동했던 수많은 익명의 여성들에게 있음을 밝힙니다.

메갈리아에 대한 인류학적 고찰   이원윤 지음

아직, 메갈리아

if books

추천사

이 연구는 한국의 페미니스트그룹이 한국사회에 만연한 남성우월주의와 가부장제 전통에 대응하여 만들어낸 '미러링 전략'을 고찰하고 있다. 저자 이원윤은 이 연구에서 메갈리안 운동에 대한 단순한 민족지학적인 평가를 넘어서 한국사회의 전통윤리와 페미니스트윤리 사이의 갈등을 해부하는 큰 성취를 이뤄내고 있다. 이것은 현대 한국여성들이 처한 상황과 그들의 페미니스트 투쟁을 이해하는데 새로운 관점을 제시하는 놀라운 성과이다.

- 아서 클라인먼 하버드대학 의료인류학과 석좌교수. 《당신의 삶을 결정하는 것들》
《우리의 아픔엔 서사가 있다》《케어 Care》 저자

2015년 일간베스트의 여성혐오에 대한 거의 최초의 연구를 진행했을 때 심경은 처참했지만 기력은 샘솟았다. 이 작업을 토대로 한 후속연구가 이어질 것이라는 기대와 그에 대한 책임감 때문이었다. 그렇기에 《아직, 메갈리안》 이 책의 출간 소식이 더없이 반가웠고, 내용을 읽었을 때에는 감사함을 느꼈다.

"너 메갈이야?", "선생님, 메갈이세요?" 페미니스트 활동가이자 성교육 강사인 내가 자주 듣는 말이다. '꼴페미'의 시대가 가고 평등을 외치는 여성에 대한 새로운 낙인의 시대가 온 것이다. 그것은 '메갈리아'. 그런데, 이 여성들 심상치가 않다. 남성들은 물론이고, 페미니스트까지 당황하는 전례 없는 화끈한 방식으로 세상을 뒤흔들었다. 누가 심판하는지 뻔한 윤리나 도덕 따위는 던져 버리고, 놀고, 싸우고, 비웃고, 행동했다.

숨 쉬는 일처럼 자연스럽게 우리 일상에 만연했던 여성혐오와 성차별. 비판과 변화를 위한 목소리는 언제나 잘 가닿지 않는 외로운 여성들의 외침이어야 했다. 그저 거울에 비추듯 똑같이 따라 했을 때, 비로소 사람들은 충격받고, 놀라고, 귀를 기울였다. '미러링'은 지금껏 그 어떤 윤리적 목소리도 해내지 못한 전략적 효과를 가져왔다. 여기 이들의 이 의미있는 움직임에 대한 "필사적인" 기록이 있다. "대체 메갈이 뭘 어쨌는데?" 메갈에 불편했던 자, 공감했던 자, 무지했던 자, 무심했던 자 누구든 좋다. 자, 이제 흥미진진한 그들의 날 것의 거친 이야기, 메갈리안이자 인류학자인 저자의 의미있는 분석에 다가가 보자.

- 엄진 성교육 활동가, 중앙대 독일유럽학과 박사과정

한국사회에서 메갈리아가 가진 상징성은 여전히 강력하다. 메갈리아를 둘러싼 논란은 메갈리아 사이트가 폐쇄된 지 몇 년이 지났음에도 불구하고 진행 중인데, 그 단적인 예로 2021년 메갈리아 손가락 모양 색출 작업이 그것이다. 어디에도 없지만 어디에나 있는 전지전능한 신처럼 메갈리안들이 각종 대기업 및 공공기관의 캠페인과 광고 전반에 침투해있다는 메갈 음모론은 이 사회에 메갈리아가 남긴 상징적 의미가 무엇인가를 되묻게 만든다. 특히 메갈(메갈리아의 약어)을 낙인의 이름으로만 조망하고자 하거나 메갈의 공적들을 지워버리려는 작업들이 팽배한 시점에서, 메갈리아가 던진 문제의식들과 의미들이 무엇인지를 재발굴해내는 작업은 무엇보다 유의미하다고 할 수 있다.

이 책은 에스노그라피^{Ethnography}라는 참여관찰의 방법론을 취함으로써, 기존의 위계적 인식론에서 그토록 중시하는 주체와 객체, 관찰자와 관찰 대상 간의 매끈한 경계와 거리두기의 강령마저 붕괴시켜버린다. 그리하여 필자가 가진 다양한 정체성인 "여성, 피해자, 행동가, 메갈리안, 페미니스트, 인류학자"(15p)로의 입장들이 한 사안을 두고도 치열한 경합을 벌이거나 협상하게 만든다. 그리하여 이 세계를 발본적으로 다시 바라보게 만드는 "윤리적 딜레마" 상황에 스스로를 내던지기를 주저하지 않으며 이러한 경험을 메갈리아와 더불어 관통해내고 있다.

이 책은 메갈리아가 어떠한 사회적, 정치적 맥락 속에서 도래하게 되었는가에 대해 면밀하게 분석해내고 있다. 정치적 부족주의의 신념적, 감정적 영토로 기능하는 인터넷 커뮤니티에서 호전적 여성 부족으로서의 메갈리안의 탄생이 "한국 사이버 스페이스의 역사적, 문화적, 정치적 특수성 속에"(28p)서 배태된 것임을 상세하게 추적해내고 있다.

또한 인터넷 문화에 널리 퍼져있는 여성혐오적 정서와 그것의 문법을 그 누구보다 잘 아는 이들이 여성혐오적 발언에 응수하고 이를 그대로 되돌려주는 방식을 세 가지 요소의 역전 구조로 탁월하게 분석해내고 있다. 첫 번째로 "방향성의 역전"(105p)이 있는데, 이는 낙인과 비하의 타겟팅이 되는 대상의 성별이 더 이상 여성이 아니라 남성으로 뒤바뀌는 전술을 가리킨다. 두 번째로 "속성의 역전"(108p)이란 여성에게 부과되어왔던 부정적, 열등적 속성들이 이제 남성에게 재부과되는 전술을 의미한다. 세 번째로 "도덕성의 역전"(112p)이란 여성에게 과도하게 부여되어온 도덕적 책임의 무게가 남성의 도덕적 책임의 방기와 회피로부터 비롯한 것임을 드러냄으로써 남성들에게 도덕적 책임을 묻는 전술을 의미한다.

이 세 가지 미러링 전술들은 무엇보다 웃음이라는 유머 코드가 갖는 파급력에 기반해 있다. 여성혐오적 일상의 심각성에 절망하지 않기 위해서는 이를 함께 비웃으며 깨부수고자 하는 유머의 도약적 힘이 필수적이기 때문이다. 정치적 올바름이라는 한 치의 오류도 용납하지 않는 각 잡힌 진지함이 아니라, 천박한 가벼움과 도발적 비틀기와 같은 웃음 코드가 서로가 서로의 용기를 확인하는 여성 연대의 끈끈한 아교로 작동했던 것이다.

뿐만 아니라, 메갈리아에 대한 대부분의 분석 담론들이 메갈리아의 날 것 그대로의 도발적 언어들을 의도적으로 누락하거나 우회적으로 표현하는 방식을 취한다면, 이 책은 메갈리아의 전투적 언어들, 때로는 상스럽고 거친 언어들을 그대로 담아내는 패기를 통해 메갈리아가 우리에게 어떠한 "가치 붕괴의 순간"(210p)을 촉발하는지를 보여준다. 기존의 주류적이며 정제된 가치체계의 근간까지 뒤흔드는 발본적 문제제기를 통하여, 여성혐오적 일상을 상식과 관행, 전통의 이름으로 정당화하는 도덕률의 모순만 폭로하는 것이 아니라, 기존 페미니즘 윤리의 한계마저 낱낱이 드러내버린다. 이를 통하여, 지금 우리에게 절실하게 필요한 새로운 페미니즘 윤리는 고고하고 추상적인 언어가 아니라, 전투적인 자기방어의 윤리이자 정치적 올바름의 언어에서 그 올바름마저 철저하게 재고찰해내는 "새로운 가치" 체계의 "실험"(231p)이어야 함을 보여주었다.

저자는 메갈리아의 도발성과 급진성으로 인하여 더 많은 여성들이 더 다양한 협상 테이블에 앉을 수 있는 기회가 열렸으며 여성들의 저항할 수 있는 운신의 폭이 확대되었다고 진단하고 있다. 메갈리아가 가장 저돌적이며 가장 극한의 저항을 행동화함으로써, 즉 이 구역의 미친 마녀가 됨으로써 더 "많은 여성들에게 상대적으로 더 온건한 방식으로 저항할 수 있는 공간"(202p)을 열어준 것이라고 평가하는 것이다. 소수자의 저항운동에서 비폭력 운동부터 무력 투쟁까지 그 저항의 양태와 강도가 하나로 단일화될 수 없듯이, 메갈리아의 운동방식을 기성 페미니즘의 틀로 손쉽게 예단해서는 안 될 것이다.

그럼에도 불구하고 메갈리아를 "여자 버전 일베로 탈바꿈시키는 주류 정치 서사"(195p)에 복무하는 많은 담론들은 여혐과 남혐 모두 나쁘다라는 혐오의 양비론을 펼치거나 "혐오는 더 큰 혐오는 낳는다"(194p)라는 논리를 통하여, 마치 메갈리아에 의해 여성혐오의 폭력성이 도출되거나 강화된 것으로 오인하게 만든다. 저자는 이를 "서사의 폭력"(195p)으로 명명하며, 이러한 상징적, 언어적 폭력이야말로 "여성혐오의 폭력성은 (오히려) 축소, 은폐시키면서 여성들의 저항에는 폭력적이라는 낙인을 찍고 (이를) 통제하고자"(195p)하는 전술이라고 강력히 비판한다. 여성들의 반격이 조금이라도 도덕성과 올바름의 잣대에서 비껴나가면 그 무엇보다 더 폭력적이며 용인할 수 없는 것으로 읽어내는 그 인식틀 이야말로 가부장제를 존속시켜온 가장 단단한 기틀 중 하나이기 때문이다.

한국 페미니즘 운동은 메갈 이전과 이후로 나뉜다고 해도 과언이 아닐 것이다. 우리가 메갈리아에 진 빚은 무엇이며 그들로부터 무엇을 계승하고 또 넘어서야 하는가에 대한 끊임없는 해석과 실천의 작업은 지속되어야 할 것이다. 그러하기에 우리는 아직 메갈리안이며 메갈리안이 남긴 유산의 자장 안에서 유영하고 있는 셈이다.

- 윤김지영 페미니스트 철학자, 국립 창원대학교 철학과 교수

이 시대에 메갈리아는 극렬한 남성혐오 집단이라는 이름 외에 '전라도 빨갱이'라는 낙인도 찍혀있다. 그들은 2015년에서 2017년까지 한국 사회의 여성혐오와 조직적으로 싸우면서 여성 비하 및 차별에 대항해 '미러링' 전략으로 극우 마초들과 정면으로 부딪친 유일한 여성집단이었다.

그러다 보니 많은 오해가 있었고 좌충우돌하는 모습, 심지어 페미니스트와 성소수자와도 불화하는 모습을 보여준 것은 사실이다. 또한 그들의 언어가 '거칠고 공격적이고 상스럽고 정치적으로 올바르지 않은' 것에 대해 부담을 가졌던 여성들이 있었

던 것도 사실이다.

하지만 사실상 '젠더 전쟁'의 한복판에서 헤게모니를 장악한 가부장적 '여성혐오' 권력집단에 대항해서 조직적으로 싸울 때 여성들이 어떤 '무기'로 어떻게 대응해야 하는지를 이해한 사람들은 과연 몇 명이나 되었을까? 평화의 시대가 아니라 전쟁 한복판에서는 무고한 희생과 비이성적인 분노와 이탈이 있기 마련이다. 그 점을 무릅쓰고 메갈리아는 '홍어, 빨갱이, 전라도, 여성, 진보좌파'에 대한 폄하와 멸시에 대항하는 싸움을 치열하게 전개했다.

이 책은 그 싸움에 대한 빼어난 분석이자 세세하고 꼼꼼한 기록이다. 메갈리아에 동의하건 반대하건 이 분석과 기록을 간과하기는 어렵다. 이원윤 저자는 이 기록을 통해 '있는 그대로' 메갈리아 전투사를 밝히고 그것을 토대로 포스트 메갈리아 시대에서의 '젠더 화합'을 꿈꾼다. 과연 그 꿈은 현실화 될 수 있는가?

– 권혁범 정치학자. 《여성주의 남자를 살리다》 저자

차례

 Intro

여성의 역사herstory는 쉽게 잊혀지고, 때로는 고의적으로 지워지거나 왜곡되기도 한다. 메갈리아의 격렬한 저항과 혁명적인 성과는 언제부턴가 소거 작업에 들어간 듯하다.

〈시사인〉은 2016년 "정의의 파수꾼들"이라는 제목의 기사에서, 나무위키에 게시된 메갈리아 소개글을 분석한다. 나무위키는 메갈리아를 "남성혐오 및 범죄 인터넷 커뮤니티"라고 소개하고 있다. 나무위키에 의하면, 미러링은 명분일 뿐이고, 메갈리아는 "자국 이성혐오 행위"와 "범죄"로 점철된 문제적 집단이다. 따라서 이들에 대한 응징과 처벌은 당연 불가피한 수순이다.[*]

---

[*] 나무위키 <Namu.wiki/w/메갈리아>

나무위키는 한국 남성들의 여성혐오적 관점을 집약적으로 보여줄 수 있는 레퍼런스로, 남성들이 메갈리아를 바라보는 시선을 투명하게 드러낸다. 2015년부터 1년간 나무위키의 메갈리아 항목은 300만 자 정도의 수정과 추가라는 격렬한 담론 투쟁을 겪었다. 메갈리아에 관심이 많은 특정 사용자들이 집단적으로 입력하고 수정한 나무위키의 소개글은 마치 중립적인 사실인 것처럼 사이버 스페이스에 새겨졌다.**

이처럼 한국의 사이버 스페이스에서 메갈리아의 역사herstory와 의미를 왜곡하고 소각하는 작업은 현재 진행중이다. 따라서 나의 작업은 한때 여성혐오 사회 전체에 강력한 카운터 펀치를 날린 메갈리아의 언어와 역사를 있는 그대로 남기고자 하는 필사적인 시도이기도 하다.

메갈리아의 지략가들은 여성혐오의 전술을 가져다가 여성혐오에 대항하는데 그대로 차용했고, 이들의 전략은 2015년부터 2017년 사이 3년간 가히 혁명적인 성과를 이끌어냈다. 그러나 메갈리아가 폐쇄된 지 5년이 지난 지금, 이들의 활동과 성과에 대한 기억은 희미해지고 말았다. 이에 이 책은 2015년부터 2017년 사이에 발생한 메갈리아 시대로 독자들을 다시 초대한다.

** 메갈리아는 남성혐오 사이트이고, 일베(일간베스트저장소)와 마찬가지로 혐오범죄를 조장할 위험이 있으므로 응징이 필요하다는 데 폭넓은 공감대가 생겼다. 나무위키는 이러한 남자들의 관점을 가장 잘 보여주는 집약본으로 일종의 '원전' 대접을 받는다. …즉, 나무위키는 태생적으로 여초 커뮤니티에 대한 반감을 가질 문화적·역사적 맥락이 있다. - 천관율 "정의의 파수꾼들?" 시사인 2016.08.25.

· 에피소드 1

패션지 그라치아는 2015년 2월호에 "IS보다 무뇌아적 페미니즘이 더 위험해요"라는 제목의 칼럼을 실었다. 터키에서 실종된 18세 소년이 페미니즘에 대한 반감으로 IS에 가담한 것이라는 소식이 돌고 난 후였다. 이 소년은 2014년 10월 5일, 실종 직전에 "이 시대는 남성이 성차별을 받는 시대"라면서, "나는 페미니스트를 증오한다. 그래서 나는 IS를 좋아한다"라는 트윗을 공유했다. 이에 해당 칼럼은 페미니즘을 조커에 비유하며, "사이비 페미니스트"들 때문에 칼라시니코프 기관총을 든 테러리스트들이 양산되고 있다는 괴상한 주장을 펼친다.

· 에피소드 2

2016년 5월 17일, 조현병을 앓고 있는 한 남성이 강남역 화장실에서 무고한 여성을 살해했다. 그는 체포된 직후 자신의 범행동기에 대해 "여자들이 나를 무시해서 그랬다"고 서술했다. 강남역 10번 출구에는 여성에 대한 혐오 범죄를 멈추라는 시위가 일어났다. 이에 서울지방경찰청은 "혐오(증오) 범죄와 정신질환 범죄는 구분해 정의를 내려야 하는데 이 경우는 정신질환 범죄"라고 응수했다.* 한 남성은 시위 현장에 핑크코끼리 탈을 쓰고 나와 "육식동물이 나쁜 게 아니라 범죄를 저지르는 동물이 나쁜 겁니다" 라는 팻말을 들었다. 여성들이 모든 남성을 잠재적 범죄자

---

* 김은경 "강남 묻지마 살인, 정신질환자 전형적 범죄" 연합뉴스 2016.05.22

로 몰고 있다는 거다.[**]

• 에피소드 3

　2015년 11월 26일, 여성 정치인 진선미 의원이 국회에서 "리벤지 포르노" 관련 발언을 한 이후, 메갈리아 사이트 유저들의 주도하에 후원금 기부 인증 릴레이 프로젝트가 진행되었다. 그 결과, 진선미 의원에게는 하룻밤 사이에 1,000만 원 가량의 후원금이 모금되었다. 2016년에는 "Girls Do Not Need a Prince"라는 문구를 새긴 페미니즘 티셔츠에 1억 3,000만 원 가량의 후원이 쏟아졌다. 교보문고에 따르면 2013년에는 8,023권에 불과했던 페미니즘 관련 도서 연간 매출 권수는 2015년을 기점으로 가파르게 증가하기 시작하여, 2017년에 이르러 총 6만 3,196권의 판매 실적을 보이는 기염을 토했다.[***] 2017년 2월 16일에는 대통령 후보였던 문재인 전 대통령이 "페미니스트 대통령"이 되겠다며 성평등 공약을 발표한다.[****] 2018년에는 한 해 동안 불법촬영과 편파수사를 규탄한다는 목적 하에 약 30만명의 여성이 혜화역에 결집했다.[*****]

[**] 강민혜 "강남역 추모 현장 충돌, '핑크 코끼리'의 정체는?" 노컷뉴스 2016.05.23
[***] 김서현 "서점가는 페미니즘 열풍… 2018년을 달군 페미니즘 도서는?" 여성신문 2018.12.08
[****] 이하나 "문재인 "페미니스트 대통령" 선언… 성평등 정책 청사진 제시" 여성신문 2017.02.16
[*****] 박다해 "불법촬영·편파수사 규탄한 30만 여성들 '여성운동 특별상'" 한겨레 2019.03.07

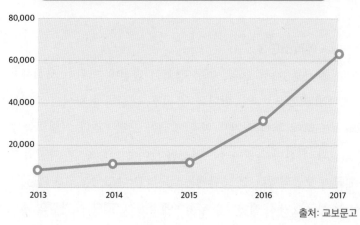

2013년부터 2017년 페미니즘 도서 판매 동향

출처: 교보문고

2015년, 대한민국에는 무슨 일이 있었나?

남자들이 페미니스트가 싫어 IS에 가담하는 사회. 그리고 이를 옹호하는 칼럼이 언론에 실리는 세상. 여자들이 "여자이기 때문에" 살해 당하고, 여성혐오 범죄를 멈추자는 시위에 자신을 잠재적 범죄자로 몰지 말라는 남성들의 역시위가 일어나는 나라. 그랬던 사회가 돌연 2년 만에 "페미니스트 대통령" 후보를 가진 국가로 격변했다. 이 시기를 겪은 한국 여성들은 다음과 같이 답할 것이다. "거기에 메갈리아가 있었다"고.

2015년부터 2017년 사이, 한국의 여성혐오 광장을 강렬하게 불태우고 스러져간, 평범한 여성들의 결코 평범하지 않은 혁명. 메갈리아 사이트는 폐쇄되어 사라진지 오랜 시간이 지났지만 이들의 업적은 아직까지도 대한민국의 젠더 담론을 주도하고 있다. 이 책은 그런 메갈리아를 다룬 에스노그라피Ethnography이다.*

나는 이 책에서 메갈리아의 상스럽고, 거칠고, 공격적인 표현들을 순화하지 않고 있는 그대로 인용한다. 이들의 언어를 순화하고 정제하는 것은 곧 여성들이 겪은 여성혐오의 경험 또한 희석하는 행위이기 때문이다. 나는 메갈리아의 투박하고 저속한 용어들을 있는 그대로 가져다 쓰기 위해 많은 노력을 기울였다. 메갈리아는 끔찍하고 잔인한 여성혐오의 살아있는 증거이자, 거울에 비친 여성혐오의 모습 그 자체다. 이들의 싸움에서 언어는 가장 근본적인 토대이자 무기였고, 그렇기에 나는 정치적 불편함을 감수하고서 그들의 언어를 전투적으로 인용하고자 한다. 이 책은 메갈리아 운동에 참여한 평범한 여성의 입장에서, 평범한 여성들이 경험하고 느낀 메갈리아를, 평범한 여성들의 날 것 그대로인 언어를 이용하여 묘사하는 첫 번째 책이 되지 않을까 한다.

저자인 나는 메갈리아의 리더나 지도자가 아니라, 수많은 익명의 메갈리안 중 한 명일 뿐이라는 점을 분명히 해 두고자 한다. 메갈리아의 이야기는 나만의 것이 아니고, 여성 모두의 것이다. 메갈리아는 나 개인의 경험이자 여성 모두의 집단적인 기억이다. 내가 메갈리안이라고 해서, 메갈리아 내부에서 논의되었

---

* 에스노그라피: 인류학에서 시작된 질적 연구 방법의 하나. 하나의 문화를 기준으로 묶일 수 있는 집단에 직접 참여하고 그 구성원이 됨으로써, 그들이 경험하는 일상의 의미를 단순 관찰자가 아닌, 당사자의 입장에서 생생하게 해석하고자 한다.

던 모든 언어와, 담론과 활동을 옹호하는 바가 아님을 미리 고백하고자 한다. 나는 메갈리아의 특정 담론에는 적극적으로 참여하였던 반면, 다른 활동에는 무관심하거나 적대적인 입장을 취하기도 했다. 이는 메갈리아에 참여했던 여성들이 공통적으로 겪었던 경험이다.

나는 여성혐오의 차별과 폭력을 경험한 한 명의 평범한 여성이면서 분노를 실천으로 옮기는 행동가가 되기도 했다. 미러링 언어로 온라인 여성혐오자들과 열띤 전쟁을 치루는 메갈리아의 여전사이자, 메갈리아에 대한 애정과 호기심을 가지고 연구하는 인류학자이기도 했다. 동시에 나는 저속한 온라인의 표현들에 혀를 차며, 윤리적 딜레마를 고민하고 비판하는 학자이기도 하다.

충돌하는 가치를 지닌 다양한 정체성은 서로 다른 순간에 개별적으로 드러나는 것이 아니다. 여성, 피해자, 행동가, 메갈리안, 페미니스트, 인류학자의 정체성들은 한 가지 사건을 두고 동시에 발현되며, 나를 윤리적 딜레마에 빠뜨렸다. 나는 사회정의를 요구하는 동시에 모순적인 편견이나 차별을 재생산하기도 하는 그저 그런 평범한 보통의 이중적인 인간임을 철저하게 인정하고 수용하고자 했다. 그것이 우리 인간의 본질이라고 나는 굳게 믿고 있다. 나의 역할은 그러한 명백한 사실을 지우고 일관된 이야기만을 들려주는 것에 있지 않다. 그 모든 관점에 애정을 담고 이들이 어떻게 상호작용하고 대화하며 서로를 이해하고 있는지를 있는 그대로 충실하게 묘사하는 것이 저자로서 나의 임무라고 믿는다.

책에서 내가 하고자 하는 것은 메갈리아의 논리가 옳거나 그르다고 변호하는 것이 아니다. 인류학자로서 나의 역할은 충실하게 현상을 관찰하고 이해하는 것이다. 이들이 무슨 이야기를 하고자 했고, 어떠한 일들을 행했으며, 어떠한 맥락에서 그러한 발언과 태도가 발현되었는가를 세밀히 묘사해보고자 한다.

누가 메갈리안인가? 왜 이들은 그토록 집요하게 남자들을 공격한 것인가? 이 싸움은 무엇을 위해서였으며 누구를 위한 것인가? 이제는 사라진 메갈리아를 논한다는 것이 어떤 의미를 지니는가? 이 책은 이러한 질문들에 대한 답을 제안한다.

메갈리아는 한국 사이버 스페이스의 여성혐오와 혐오발화에 대응하기 위해 "미러링"이라는 전략을 가지고 결집한 온라인 행동가들의 커뮤니티다. "미러링" 전략은 여성혐오의 의미구조를 전복시켜 남성들에게 그대로 되돌려주었고, 여성혐오를 비판하는 동시에 혐오발화를 전투적으로 차용했다. 그랬기 때문에 이들의 운동은 사회, 문화, 언어, 정치, 윤리적으로 논란의 중심에 서게 된다.

첫 번째 단원은 이 싸움이 어디에서 어떻게 시작되었는가를 추적한다. 메갈리아의 기원을 역사, 문화, 사회정치적 맥락 속에서 살펴보고자 한다. 우리는 먼저 이 운동이 한국 사회의 사이버 스페이스라는 아주 독특한 문화와 역사 속에서 태동한 것임을 이해할 필요가 있다. 한국 사회의 사이버 스페이스에서 어떻게 여성혐오가 발현되어 왔는지 살펴보고, 그 속에서 메갈리아가 탄생한 과정을 면밀하게 되짚어 볼 것이다.

두 번째 단원은 메갈리아 운동에 참여한 여성들이 겪은 경험을 이야기 형식으로 서술한다. 그와 함께 미러링 발화의 의미구조와, 미러링 전략의 사회정치적 의의를 살펴볼 것이다.

세 번째 단원은 메갈리아가 여성들을 어떤 방식으로 설득하고 모집했는지를 분석한다. 메갈리아의 정동역학의 원리가 무엇인지 들여다보고, 한국 여성이 메갈리안으로 변화하는 과정에 있어 어떠한 감정 역동을 경험하게 되는지를 추적해 볼 것이다.

네 번째 단원은 메갈리아가 폭력적이라는 명제를 주류화한 '폭력의 서사'라는 개념을 소개하고 있다. 한국 사회가 여성혐오의 폭력성은 은폐한 채, 메갈리아의 폭력성만을 문제삼고 저지하는 방식을 폭로할 것이다.

다섯 번째 단원에서는 메갈리아를 둘러싼 도덕적, 윤리적 논란들을 보다 직접적으로 다루고 있다. 여기에서 나는 메갈리아가 하고자 했던 작업이 단순히 도덕과 윤리를 저버리는 것이 아니라고 주장한다. 메갈리아는 여성혐오적인 도덕과 윤리의 이데올로기를 재구성하고 재창조하고자 했다.

여섯 번째 단원은 포스트 메갈리아 시대에 어떤 방식으로 젠더 화합을 이끌 것인지를 제안할 것이다. 마지막으로 이 책은 메갈리아 사이트의 폐쇄가 메갈리아에서 활동했던 여성들에게 어떤 의미를 가지는지 되짚어 보며 끝맺는다.

Chapter 1

온라인 여성혐오,
그리고 메갈리아의 탄생

Chapter 1

온라인 여성혐오,
그리고 메갈리아의 탄생

메갈리아는 어떻게 태어났는가? 이 단원에서 나는 메갈리아를 탄생시킨 주범인 한국 온라인 여성혐오의 결을 분석해보도록 한다. 한국 남성들에게 온라인 여성혐오는 사회적 편집증의 형태를 지니고 있다. 이들은 한국 사회에 여성혐오는 더 이상 존재하지 않으며, 오히려 자신이 역차별의 희생자라고 여긴다.

남성들의 피해의식에는 세 가지 주요한 구심점이 존재한다. 첫 번째로 여성은 군 복무의 의무를 지지 않기 때문에 차별당하고 있다는 믿음이고, 두 번째는 여성이 남성들에게 경제적으로 의존하기 때문에 자신이 희생하고 있다는 믿음이다. 마지막으로 남성들은 여성이 자신의 성性을 이용해 남성을 착취하고 있다고 여긴다. 그 중에서도 남성이 여성에 의해 성적으로 지배당하고 있다는 믿음이 여성혐오의 가장 근본적인 시발점인 것처럼 보인다.

온라인에서 사용되는 여성혐오적 표현을 빌리자면, 한국여성은 '보지값'*이 너무 비싸다. 남성이 여성과의 섹스를 위해서 부당하게 많은 자원을 제공하고 소모해야만 한다는 것이다. 이러한 상황을 타개하기 위해서, 편집증적 여성혐오 담론은 관계의 기회비용, 즉 보지값을 낮출 수 있는 전략을 제시한다. 이 글에서는 남성들이 전략적으로 '성매매 합법화'나 '더치페이'와 같은 어젠다를 구성하는 과정을 낱낱이 파헤쳐 볼 것이다. 또한 이들이 '김치녀'나 '개념녀' 담론을 하나의 이데올로기로 채택하고 전술적으로 활용하는 방식을 살펴볼 것이다. 온라인 여성혐오 담론 형성에 대한 면밀한 분석은 결국 이들이 연애시장에서, 착취하기 쉽고, 저렴한 가격에 접근 가능한 성性상품으로서의 한국여성 대량 생산을 도모한다는 결론에 다다르게 한다.

인터넷 문화

우선 메갈리아의 싸움이 어디서부터 시작된 것인지를 추적해보도록 하자. 메갈리아의 탄생은 한국 사이버 스페이스의 역

---

* "보지값"이란 남성이 여성과 성적인 관계를 맺기 위해 지불하여야 하는 비용을 이르는 비속어이다. 상세한 내용은 뒤에서 자세히 논하기로 한다.

사적, 문화적, 사회 정치적 특수성 속에 강력하게 얽혀 있다. 사이버 스페이스의 고유한 문화를 이해하지 않고서는 메갈리아가 왜 그렇게 호전적인 태도를 취하게 되었는지 이해할 수 없을 것이다.

한국 사이버 스페이스 내 사람들 간의 상호작용에 대해 연구한 이길호는 2012년 출간한 저서《우리는 디씨 - 디시 잉여 그리고 사이버 스페이스의 인류학》(이하《우리는 디씨》)을 통해 한국의 독특한 인터넷 문화를 발전시킨 디씨 인사이드에 주목한다. 디씨 인사이드는 "갤러리"라고 불리는 여러 개의 게시판으로 나뉘어져 있으며, 각각의 갤러리들은 메르스, 남자 연예인, 코미디, 메이크업 등 하나의 정해진 개별 주제에 대한 공론의 장으로 활용된다. 그는 인터넷 커뮤니티를 부족 사회에 빗대어 분석했는데, 갤러리는 이용자들에게 개개인이 상주할 수 있는 영토와 같은 개념으로 인식된다. 특정 갤러리의 이용자들은 한 '부족'으로서 정체성을 공유하며, 다른 갤러리들과는 차별되는 고유한 문화와 언어를 가진다.

그에 의하면, 디씨 이용자들은 자신의 존재와 명성을 입증하고 지키기 위해 일상적으로 '증여'와 '전쟁' 행위에 참여한다. 사이버 스페이스에서 증여란, "컨셉을 잡고, 개드립을 치고, 떡밥을 던지고, 짤방을 제작"하는 일련의 모든 행위들을 말한다. 이들은 자신이 속한 사이버 스페이스에 양질의 콘텐츠를 제공함으로써 자신의 존재를 끊임없이 입증하고, 평판을 쌓아올린다. 여기서 콘텐츠란 이들이 생산하는 정보글이나, 유머러스한 댓글, 비밀스러운 자신의 개인사, 혹은 거짓으로 만들어 꾸며낸 이야기들, 새로운 유행어의 제안, 흥미로운 토론 주제의 제공, 공들여 만든 이미지나 비디오 등 모든 형태의 게시물을 뜻한다.

한편 이길호는 디씨 인사이드에서 이용자들이 갤러리를 중심으로 마치 개별 '부족'처럼 독립된 정체성을 확립하고 있다는 점에 주목하며, 부족들 간에 '전쟁' 행위가 일상적으로 수행된다고 평가한다. 이들은 자기 부족의 명예를 지키거나, 드높이기 위해서 전쟁을 시작한다. 사이버 스페이스의 전쟁은 게시물, 즉 콘텐츠로 치러진다. 예를 들면 다른 부족(갤러리)의 영토(게시판)를 침략한 뒤, 이를 자신들의 게시물로 덮어씌우고 상대방의 목소리를 무력화하는 방식이다. 한 부족이 모욕적이고, 경멸스럽고, 상스럽거나, 심지어는 아무 의미 없는 게시물들로 다른 부족의 게시판을 뒤덮으면 전쟁은 해당 부족의 승리로 끝난다.

이어서 이길호는 디씨 인사이드가 강력한 여성혐오 문화에 의해 지배된다고 평가했다. 그는 "강력한 남성적 에토스가 지배하는 갤러리들에서 여성 갤러는 극단으로 배척된다. 여성 갤러들은 사람 취급을 받지 못한다. 그들은 모든 중요한 논의에서 배척되며 왕따를 당하고, 하급의 존재로 치부된다. 결국에는 퇴출당한다"고 논했다.

메갈리아는 이러한 디씨 세계관 속에서 탄생한다. 디씨 인사이드의 몇 안 되는 호전적인 여성 부족인 '남성 연예인 갤러리

(남연갤)'이 새로 생겨난 메르스 갤러리를 상대로 전쟁을 일으켰다. 공격은 맹렬하고도 흉포했고, 이들은 빠른 시간 안에 메르스 갤러리를 점령하는 데에 성공했다. 남연갤의 승리에 대한 이야기가 디씨 세계에 널리 알려진다. 전쟁에서 승리한 남연갤 부족의 명예는 드높아졌다. 후대인들은 메르스 갤러리를 점령한 이 여전사 부족을 두고, "메갈리안"이라 불렀다.

한국 사이버 스페이스의 온라인 여성혐오

인터넷이 도입되기 시작한 초창기부터, 한국의 사이버 스페이스는 이미 여성혐오적 성향을 보이고 있었다. 권김현영과 김수아에 의하면, 1990년대부터 이미 여성의 몸을 소비하는 콘텐츠가 온라인 공간에서 남성들이 강력하게 결집하는 원동력으로 작용한다. 남성들은 1997년에는 이승희의 누드집을 보기 위해, 1998년에는 한 여성 연예인을 타겟으로 한 디지털 성범죄 동영상을 소비하기 위해 PC 통신에 가입했다. 2000년대 중반 이후부터는 남성연대(2008년 설립), 일간베스트 사이트(2009년 개설, 이하 일베) 등 온라인에서 여성에 대한 피해의식과 적개심이 보다 전면적으로 드러나기 시작했다.

이길호는 디씨 인사이드 내의 여성혐오 문화를 지적하면서도, 동시에 이와 같은 현상을 "부차적인 것에 불과하다"고 일축한다. 그는 여성 목소리에 대한 배제는 익명성을 유지하고 사이버 스페이스 내의 평등을 유지하기 위한 기술적인 조치에 불과하다고 주장한다. 그러나 엄진은 여성혐오의 존재를 사이버 스페이스 내 기술적 문제로만 치부하는 것은 인터넷 상에서 생성된 젠더 위계가 오프라인 현실 세계로 흘러들어 온다는 사실을 간과하고 있다고 지적한다.

불법촬영범죄를 여성의 시각에서 다큐소설로 풀어낸 소설 《하용가》의 작가 정미경의 인터뷰*를 살펴보자. 그는 소라넷이 "모든 여성의 '창녀화'를 꿈꾸는 곳"이었다고 평가했다. 소라넷은 나이나 직업 등에 상관없이 모든 여성들을 창녀나 걸레 취급하는 곳이다. 소라넷에서 생성된 여성혐오적 콘텐츠는 일베에 올라오고, 다시 오늘의 유머(이하 오휴)에 게시되는 등 전체 온라인 문화에 직접적인 영향을 주고 있다. 정미경 작가는 남자 아이들 또한 초등학교에서 벌써 여성혐오를 통해 또래 여자 아이들을 통제하고, 굴복시키는 방법을 배우고 있다고 지적했다. 여자 아이들을 '걸레'라고 부르고, '강간'하겠다고 겁을 주며 이미 자신의 또래 문화에서 여성을 "공포와 수치심으로 굴복시키는 방법을 학습하고 있다"는 것이다.

이러한 기사는 소라넷이나 일베 등지에서 형성된 여성혐오 담론이 사회 전반의 주류 이데올로기로 등장하기 시작한다는 사실을 증명한다. 사이버 스페이스 상의 극단적인 여성혐오 담론은

---

* 전홍기혜, 이명선 "너 소라넷 하지?" 디지털 전투 일지 '하용가' 프레시안 2018. 09. 06

결국 청소년들의 성 인식에까지 영향을 미친다.

대부분의 온라인 여성혐오 담론은, 일베 담론의 분석에 집중한다. 일베에서 형성된 여성혐오 담론은 일베 내에서만 소비되는 것이 아니라, 한국 사이버 스페이스 전체로 퍼져 결국 남성 일반의 여성혐오 담론으로 작용하기 때문이다. 윤지영은, 일베의 여성혐오 담론이 한국 사회가 여성을 바라보는 방식을 그대로 재현하고 있다고 선언한 바 있다. 김학준의 연구에 인용된 한 일베 이용자의 발언을 눈여겨보도록 하자. 일베의 여성혐오 현상에 대해 질문하자 그는 이렇게 답한다.

"이건 일베라서 그러는게 아니라 다 그랬어."
"사회, 우리 사회 과반수의 남자들은 일베가 아니더라도 다 그렇게 생각한다고. 아 진짜로."

김학준 「인터넷 커뮤니티 일베저장소에서 나타나는 혐오와 열광의 감정동학」

한국 사회에서 일베가 문제적 커뮤니티로 떠올랐던 것은 지역갈등이나, 노무현 대통령 비하와 같은 극단적인 정치적 성향 때문이지, 여성혐오적 태도 때문이 아니다. "일베라서 그러는 게 아니라"는 위 남성의 답변이 증명하듯, 많은 한국 남성들은 일베에서 향유되는 여성혐오적 가치관을 공유하고 있다.

강력한 온라인 여성혐오 문화는 사이버 스페이스에서 여성 전체의 목소리를 삭제해 버렸다. 여성은 말하고 발언하는 주체가 아닌 남성에 의해 논의되는 대상으로만 남게 되었다. 여성의 인격이나 경험은 지워지고, 남성 성욕에 의해 점차 패티시화되어 정복할 수 있는(정복할 수 있어야만 하는) 아름다운 육체의 이미지로 재구성되었다. 일베 게시글 43만 개를 분석하여 제작한 〈시사인〉의 온라인 여성혐오 담론 지도에 의하면 여성은 '몸매', '얼굴', '다리', '가슴' 등 파편화된 육체의 이미지나 '창녀', '강간', '성매매', '성폭행' 등 성적인 정복의 대상으로서만 논의되고 있다는 사실을 확인할 수 있다.* 사이버 스페이스에서 침묵 당한 여성들은 목소리가 없고, 따라서 자기 주장이 없으며, 언제나 남성의 욕구에 항복하고, 성적 욕구를 충족하는 만족스러운 육체의 이미지로만 존재한다. 온라인 세상에서 여자들은 성적 욕망을 위한 대상물, 즉 '박을 수 있는 보지'로만 존재하는 것이다.

편집증적인 여성혐오: 군대, 돈, 그리고 섹스

한국의 독특한 인터넷 문화는 고유의 젠더 이데올로기를 만들어냈다. 나는 이를 '편집증적 여성혐오'라 칭한다. 대다수의 남성들은 한국 사회에서 스스로가 피해자라고 여기며, 오히려 여성을 가해자로 지목하는 확고한 믿음 체계를 구축한다.

2015년 〈피디수첩〉의 조사에 따르면, 57.6%의 남성 대학

---

* 천관율 "여자를 혐오한 남자들의 탄생" 시사인 2015. 09. 17

생들이 남자들이 역차별을 당하고 있다고 답했다.* 이후 2019년 〈시사인〉의 조사에서, 68.7%의 20대 남성들이 '남성 차별'이 심각하다고 답한다. 한국 남성들 사이에서 여성들에 대한 일종의 '피해의식'이 광범위하게 공유되고 있다는 인식은 논란의 여지가 없어 보인다.

한국 남성들이 여성 때문에 피해를 보고, 차별을 당하고 있다고 믿는 "편집증적 여성혐오"는 세 가지 확고한 구심점을 중심으로 구축된다. 군대와 돈, 그리고 섹스가 그것이다. 바로 이 지점에서 '김치녀'라는 개념을 살펴볼 필요가 있다.** 김치녀들은 편집증적 여성혐오 세계관에 사로잡힌 억울한 남성들의 주적으로 호명되곤 한다. 이들은 군 복무로 대표되는 책임과 의무를 외면하고, 남성에게 금전적으로 의존한다. 그러면서도, 정작 남성 파트너를 고를 때에는 재력, 학벌, 외모를 기준으로 남성을 재고 따진다. 여기에는 세 가지 공고한 믿음 체계가 존재한다.

첫째는 군 복무 의무를 면제받은 여성들 때문에 남성들이 불공평하게 피해를 보고 있다는 믿음이고, 둘째는 여성이 남성을 경제적으로 착취한다는 믿음이다. 마지막으로 남성의 재력이나, 학벌, 외모 등을 깐깐하게 따지는 이기적인 김치녀들 때문에 자신을 포함한 수많은 남성들이 진정한 사랑을 이루지 못하는 (더 정확하게는 아름다운 여성과 섹스의 기회를 박탈 당하는) 피해를 보

---

* PD 수첩 "2030 남성보고서 그 남자, 왜 그녀에게 등을 돌렸는가" MBC TV 2015. 08. 04.
** 이 김치녀에 대한 개념은 '나무위키'의 정의를 참고했다.

고 있다는 믿음이다.

첫 번째 믿음 : '군대 안 가도 되는 여자'

한국 사회에서 남성은 군 복무의 의무가 있고, 여성은 그러한 의무를 지지 않는다. 이 사실은 남성이 여성에게 피해를 보고 있다는 역차별의 근거로 차용된다. 그러나 역차별 주의자들 또한 남성에게 군 복무를 지우는 주체가 여성이 아님을 잘 알고 있다. 흥미롭게도 이들은 군대 내에서의 인권 유린이나 노동착취 문제에 대해서 정부에 항의하고 시정을 요구하는 대신, 여성이 같은 고통을 겪지 않는다는 점에만 분노하기로 굳게 결심한 것처럼 보인다.

군 복무 문제를 둘러싼 한국 남성들의 편집증적 분노를 잘 보여주는 일베의 게시물 두 가지를 살펴보자. 2014년 4월 3일에 게시된 "한국여자들은 진짜 양심이 없다" 라는 제목의 게시글에서 작성자는 남성에게만 지워지는 군 복무 의무의 현실에 대해 "씨발 진짜 좆같아서 견딜수가 없다"고 토로한다. 군 복무 의무가 "좆같"은 이유는 매번 "예비군 훈련"과 "민방위"에 동원되어 "좆뺑이 까"며 자신의 시간과 노동력을 공짜로 착취당하기 때문이다. "한국 페미나치들이 입이 열 개라도 할 말이 없는 이유"라는 제목의 2016년 2월 9일 게시글 작성자 역시 군 복무 중 한국 남성의 "기본권"이 "심각하게 침해"받고 "갈궈지고 노동되고 구르고 또 구르게" 된다는 점을 지적하며 한탄한다.

일베 이용자들은 군 복무 의무가 기본권을 침해하고, 젊은 남성들의 노동력을 공짜로 착출하고 있다는 사실을 정확하게 지적하고 있다. 그러나 이 문제의 시정을 요구하는 대신, 갑자기 "여자는 뭘 강제적으로" 하게 되는지를 묻는다. 그러고는 여성이 군대를 가지 않아도 된다는 사실이 "좆같아서 견딜수가 없다"고 생각한다. 게시물 작성자들이 정작 화가 나는 이유는 군대 내의 인권 유린 문제가 아니라 "불평등하다며 앵앵거리는 씨발년들" 때문이다. 결국 이들은 "김치년들"에게 "군대 안보내는것만으로도 진짜 길가다가 아구창 날리고 싶을 정도"의 분노를 표출한다.

이러한 일베 내의 담론들은 남성들이 군 내에서 벌어지고 있는 노동 착취나 폭력과 같은 젊은 남성에 대한 인권유린은 사실 여성의 문제가 아니라 국가 권력이 해결해야 할 문제임을 명확하게 인식하고 있음을 보여준다. 분명한 문제의식에도 불구하고, 왜 이들은 "여자도 똑같이 당해라"라는 수준의 유아적인 요구사항에 집착하게 되었는가.

여성의 군 복무 면제는 편집증적 여성혐오의 강력한 구심점이 되었다. 여성들이 남성의 군 문제에 대해 아무런 결정권이 없음에도 불구하고 지속적으로 호명되어 나오는 데에는 분명한 역사적, 정치적 맥락이 있다. 1998년 5월 5일, 국방부는 7급 이하 공무원 시험에만 적용되던 군필자 가산점을 일반기업체와 국가기관 모두에 적용하겠다고 발표했다. 배은경은 2000년 〈여성과 사회〉에 발표한 「군가산점 논란의 지형과 쟁점」에서 해당 정책이 1997년 대통령 선거 과정에서 분란이 되었던 이회창 후보 아들의 군 복무 면제를 덮기 위해 임시방편으로 제안된 것임을 지적하고 있다. 국방부는 2년간 자신의 시간과 노동력을 양도하는 군필 남성들에 대한 보상으로 실체도 없는 가산점 제도를 고안해 내었다. 이는 국가가 일체의 비용 부담 없이 군대 문제의 해결을 개인(특히 여성)과 기업들에게 전가시키는 기만적인 해결책이다. 비군필자 개인들에게 상대적 불이익을 주는 것이, 군 비리 사건에 대한 남성들의 분노를 달래줄 수 있을 것이라는 남성 전체에 대한 우롱이다. 더군다나 군가산점제는 국가의 정책적 편의를 위해 여성과 장애인의 취업 장벽을 높일 뿐 아니라 자영업자나 비정규직 취업자 등 정규 조직 노동 내부에 들어와 있지 않은 많은 군필자 남성들도 차별하고 있었다.

그럼에도 불구하고, 군가산점제의 발표는 군 비리와 징병제 문제 전체를 한순간에 여성과 남성 간의 성 대결 문제로 변모시켰다. 권김현영은 《대한민국 넷페미사》에서 여성들을 대상으로 폭발하는 남성들의 분노 때문에, 많은 여성단체들이 한 달 이상 제대로 작동하지 못했다고 회상한다. 한국 여성 민우회는 3개월 동안 홈페이지를 폐쇄하였고, 웹진 달나라 딸세포는 사이트 해킹을 당하는 등 남성 누리꾼들의 무차별적인 공격에 노출되기도 하였다. 남성들이 엉뚱하게 여성에게 책임을 묻고 비난하는 동안, 정부는 드러난 군 비리 문제에 대한 여론을 가라앉히고, 군필자들에 대한 국가적 보상 문제를 효과적으로 회피할 수 있었다.

우리는 여기에서 군 문제가 의도적으로 젠더 담론으로 재구성된 것은 아닌지 의심해 보아야만 한다. 대한민국 정부는 국가를 위해 2년의 시간을 바친 젊은 남성들을 위로할 책임을 여성 집단 전체에 덮어씌웠다. 군 비리 문제를 정부에 항의하는 대신, 여성에게 그 분노를 쏟아 붓도록 장려했다. 배은경은 이에 "전체로서의 남성과 전체로서의 여성 중 어느 쪽이 한국 사회에서 더 '편하게' 살고 있느냐와 같은 우문愚問에 좌초해서도 안된다. 오히려 눈여겨봐야 할 것은 이 논란의 구도를 남녀의 직접적 이익 투쟁interest struggle으로 몰고 가는가 하는 점이다. 수면 아래 깔려서 이 모든 논란을 구조 짓는 힘, 그 모든 좌절과 분노와 불만의 에너지를 여남간의 대립구도로 첨예하게 배치하는 젠더의 정치gender politics를 읽어내야 하는 것이다"라고 비판했다. 이러한 날카로운 지적이 무색하게도, 현재 대한민국에서 군 문제는 젠더 담론의 중심으로 떠올라 편집증적 여성혐오의 구심점이 되어버렸다.

두 번째 믿음 : '남자를 돈으로 보는 여자, 된장녀'

정의솔과 이지은은 2018년 〈*Feminist Media Studies*〉에 발표한 논문에서 된장녀 담론이 경제적 불안정에 대한 남성들의 불안과 분노를 자신보다 강력한 소비력을 가진 "이기적인 한국 여성들"에게 투사한 결과물이었다고 평가한다. 모현주는 2008년 〈사회연구〉에 게재한 「화려한 싱글과 된장녀 : 20, 30대 고학력 싱글 직장 여성들의 소비의 정치학」을 통해 2000년대 초반 여성을 둘러싼 소비 문화의 변화와 된장녀 담론을 분석했다. 그녀는 근대적 자본주의 시장에서 소비의 대상이었던 여성이 경쟁력 있는 소비의 주체로 부상하며 '된장녀' 담론이 탄생하게 되었다고 분석한다. 전통적으로 여성은 남성들 사이 교환될 수 있는 상품으로 간주되며, 남성을 위한 가치 있는 상품이 되도록 본인을 꾸미고 가꾸도록 강요되어왔다. 근대에 이르러 여성이 남성이 아닌 스스로를 위한 소비를 시작하자 이에 된장녀 담론이 부상하게 되었다는 것이다.

나무위키의 정의에 의하면, 본래 된장녀는 "남자에게 빌붙어 남자 돈으로 사치하는 한국 여자"를 칭하는 용도로 사용되던 멸칭이다. 2015년 12월 22일에 게시된 "흔한 대한민국 된장녀들의 실체"라는 제목의 일베 게시물에는 13개의 된장녀 기준을 명시하고 있다. 그 중 9개의 항목이 교제 중인 남성의 재력을 이용해 사치하는 여성들을 지칭한다. 이를테면 "괜찮은 남자 물어 인생 펴는 것이 꿈"인, "좋은 직업에 집안일까지 완벽한 남자"를 바라는, "외제차 가진 남성"을 원하며, 남성 파트너가 "잘생기지 않았다면 재력이라도 갖추기를 바라는" 여성이 이에 해당한다.

2012년에 실시한 전국 결혼 및 출산 동향 조사에 따르면 한국 여성 중 30.3%가 배우자의 가장 중요한 조건으로 '경제력'을 꼽았다. 자신을 위해 매일 아침밥을 차려주는 아리따운 여성과 진정한 사랑을 꿈꾸는 한국 남자들에게 이는 실망스러운 결과일 것이다. 편집증에 사로잡힌 이 남성들이 정작 보지 못하는 사실은, 이러한 경향이 된장녀로 대표되는 한국 여성들 사이에만 존재하는 것이 아니라 전세계에서 관측되는 보편적인 현상이라는 것이다. 연구에 따르면 안타깝게도 미국의 미혼 여성들 또한 남성의 경제적 수준을 우선적으로 고려하여 결혼 상대를 선택한다. 더군다나 여성이 남성의 진심이 아닌 경제력만을 보고 판단한다고 불평하는 일베의 남성들은 '착한 여자'가 아닌 '어리고 예쁜 여자' 와의 로맨스를 꿈꾼다. 이 남자들은 어리거나 예쁘지 않은 여자들은 "줘도 안 먹는다"고 일갈할 것이다. 그들이 꿈꾸는 어리고 예쁜 여자와의 사랑은 과연 김치녀가 꿈꾸는 돈 많은 남자와의 사랑보다 더 진실된 감정일까?

"남성인권 감시센터"라는 블로그의 2017년 12월 6일자 게시물 "김치녀와 된장녀, 남성들이 스스로 판 무덤이다"를 살펴보자. 글쓴이는 젊은 여성과 남성의 평균임금은 거의 비슷함에도 불구하고, 여성들은 돈을 "성형, 해외여행, 명품쇼핑"으로 다 써버린다고 주장한다. 이 때문에 남성이 여성과의 데이트 비용, 결혼자금을 부담하게 된다는 것이다. 된장녀를 상대로 한 피해의식에 사로잡힌 이 남자들이 보기에, "방송, 언론, 출판, 문화, 예술, 공연, 여행 그리고 정치 등 사회 전 분야"에 소비하는 경제력은 자신과의 장밋빛 미래에 함께 부담했어야 할 "데이트 비용"이며, "결혼자금"이었다. 이들은 자신의 "잠재적인 결혼 상대자"가 자신과의 관계에 투자했어야 할 자산으로 소위 말하는 "돈지랄"하는 모습을 보고, "상대적인 박탈감"을 느낀 것이라고 고백한다.

비슷한 요지의 2012년 3월 23일의 일베 게시물 "한국 된장녀의 종류"에서는 된장녀의 종류를 "생활수준이 높은 된장녀, 소비 습관녀, 그리고 꽃뱀과 새끼꽃뱀"으로 나눈다. "생활수준이 높은 된장녀" 항목에서, "밥 한끼를 먹어도 7,000원이나 심지어 10,000원짜리" 식사를 익숙하게 여기는 여성들을 된장녀로 지목한다. 이들이 된장녀로 경계대상이 되어야 하는 이유는 "서로 더치를 하더라도 기본 금액자체가 뻥튀기 되어버리니까 니네가(남성이) 힘들기 때문"이다. 여기에서 '된장녀'의 정의는 남성의 경제력에 의존하여 사치하는 여성 뿐만 아니라 본인의 경제력을 바탕으로 높은 생활 수준을 유지하는 여성들에까지 확장된다. 왜 자신과 아무 상관 없는 여성의 소비습관을 비난하는 것일까?

왜냐하면 한국 남성에게 여성은 언제나 "잠재적 연애/결혼 대상"이기 때문이다. "비싼 밥 비싼 차만 처먹는" 이러한 여성들과 교제를 시작하게 될 경우 "더치를 하더라도" 남성에게 경제적으로 부담이 되기 때문이다. 해당 게시물에서 일베의 이용자들은 "이쁘고 착한 여자"를 만날 수 있기를 기원하며 끝맺는다. 이쁘고 착한 여자를 찾는 일베 유저들의 마음은 경제력을 갖춘 남성을 찾는 된장녀들의 사랑과는 다르게 진실된 것이기 때문에 비난을 피해갈 수 있다. 여기에서 "착한" 여자란 생활습관이 검소하고, 사치스러운 소비를 즐기지 않아 남성에게 경제적으로 부담을 지우지 않는 여성일 것이다. 그러면서도 남성을 경제력으로 판단하지 않기 때문에 경제력이 부족한 남성이라도(진심만 있다면) 만나줄 의향이 있는 여성들이다.

결국 된장녀에 대한 남성들의 진짜 문제의식은 여성이 경제력을 갖추면서 남성집단의 강력한 경쟁자가 되었다는 데에 있는 게 아니다. 된장녀들은 남성에게 경제적으로 의존하기 때문에 관계의 기회비용을 높인다. 만일 여성이 스스로의 경제력을 바탕으로 소비 생활을 유지할지라도 이들과의 교제는 미래에 경제적 부담을 초래할 가능성이 있다. 남성에게 "잠재적인 결혼 상대자"인 여성이 소비하는 돈은 나와의 행복한 미래에 투자 했어야 하는 공동자금이다. 뿐만 아니라 경제력을 갖추지 못한 나는, 남자의 진심은 알아주지 않고 돈 많은 남자만 찾는 된장녀들 때문에 결혼 시장에서 도태 당할지도 모른다. 자신에게 닥칠 절망스런 현실에 남성들은 그토록 치를 떨며 분노했던 것이다.

세 번째 믿음 : '나에게만 대주지 않는 여자, 김치녀'

마지막으로 이들은 자신이 원하는 여성과 관계를 맺는 것이 점점 더 어려워지고 있다고 여길 때 가장 강렬한 피해의식을 느꼈다. 과거와 달리 지금은 데이트 시장*에서 여성이 남성을 경제력이나 학벌, 키, 외모 등을 기준으로 평가하고 취사선택할 권

---

* 데이트 시장 혹은 연애/결혼 시장이라는 표현의 경우 경제학자들이 이성 간 로맨틱한 관계를 경제적으로 분석하고자 처음 제안했던 표현이다. 여기에서는 남성이 경제적으로 여성의 성을 구매한다는 여성혐오적 거래 방식을 의미하기보다는, 여성과 남성이 어떠한 가치들을 상호 교환한다는 교환경제의 개념으로 차용하였다.

리와 능력을 갖게 되었다. 편집증적 여성혐오 이데올로기의 관점에서, 이러한 변화는 불공평한 여남간 파워 다이나믹을 초래한다.

〈시사인〉은 2015년 9월 17일 기사 "여자를 혐오한 남자들의 탄생"에서 2011년과 2014년 사이 업로드 된 430,000개의 일베 게시물을 분석한다. 분석을 진행한 아르스프락시아 김학준 연구원은 〈시사인〉의 해당 기사에서 다음과 같이 분석했다.

"데이터 분석 결과로 보면 군대는 담론 형성에서 거의 영향력을 발휘하지 못한다. 여성혐오가 먼저다. 군대는 '더 본격적으로 미워하기 위해' 사후에 가져다 붙인 명분에 가깝다. 군가산점이나 여성부도 핵심이 아니라 사후 명분이라는 점이 비슷하다"라고 말했다. 담론지도에서 두드러지는 키워드는 '김치녀'다. 일베에서 이 말은 사실상 '여성'의 대체 단어일 정도로 자주 나온다. '여성'('여자' 등 유사 단어포함)이 1만 159차례 등장하는 동안 '김치녀'는 8,697차례 등장한다. '김치녀'는 한국의 여성혐오를 상징하는 단어가 되었다. 일베의 여성혐오 담론지도는 '김치녀'가 탄생하는 곳을 정확히 지목한다. 데이트 경험이다. 지도에서 '남성'을 둘러싼 키워드들을 보자. '남성'은 여성과의 관계에서 '호구'다. 여성은 평소에는 남녀 '평등'을 외치다가도 정작 남자를 고를 때는 '능력'을

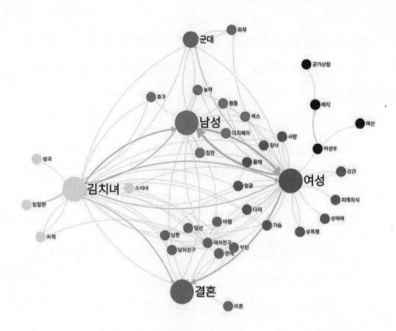

일베의 여성혐오 담론 지도 – 출처: 아르스프락시아

따지는 이기적인 존재다. '더치페이'하는 남자는 데이트 상
대로 쳐주지도 않는다. 심지어 나랑은 자주지도 않는다('섹
스'). 데이트의 좌절은 여성혐오의 원체험이다."

편집증적 여성혐오의 본질은, 〈시사인〉의 분석에서 드러나
듯, 데이트 경험, 즉 섹스의 좌절이다.

남성 인권을 위해 투신 자살까지 감행한 故 성재기 대표는
남성이 '섹스' 때문에 여성의 지배 아래에 놓인다고 주장했다. 그
의 2012년 10월 19일자 트윗에는 "성적 강자는 여자이고 물리

적 강자는 남자"라는 구절이 있다. 물리적 폭력이 용납되지 않는 "문명화된 사회"에서 결국 남성의 성욕을 지배하는 여성이 사회적 우위에 있다는 것이다. 일베는 그러한 신념을 반복하고, 확장시키며 편집증적 세계관을 강화한다.

2014년 6월 10일자에 게시된 "성을 미끼로 남성을 지배하는 페미들"이라는 제목의 일베 게시물을 살펴보자. 그들은 "다리만 벌리면 의사, 변호사 수입을 가볍게 넘기는", "젊고 반반한 여성"에게 분노한다. 이들은 여성이 "남성들의 성욕 때문에 손쉽게 많은 것을 얻을 수 있"다고 믿는다. 여성에게 "성적인 이유로 호감을 사고 싶어하"는 남성들의 "많은 배려와 도움"을 받을 수 있기 때문이다. 그러나 정작 자신에게는 "다리를 벌려"주지 않는 여성 때문에, 좌절하는 모습을 보인다.

윤보라는 "극도의 여성혐오는 굴절된 성적 욕망에 다름 아니다. 원정 성매매, 백인남성과 돈 많은 남성에게만 '벌리는' 여자들, '금테 두른 보지/금보지'와 같은 언설에서 보듯이, 혐오의 가장 깊은 곳에는 성적 자유를 얻은(것처럼 보이는) 이 여성들이 결국 나에게만 '대주지 않는' 준엄한 분노와 박탈감이 존재한다"라고 분석한다.

자본주의 경제에서 여성은 남성에 의해 소비될 수 있는 상품으로 간주되어 왔다고 앞서 잠깐 지적한 바 있다. 소비자인 남

---

* 윤보라 「일베와 여성혐오:"일베는 어디에나 있고 어디에도 없다"」〈진보평론 57호〉 2013.

성들은 여성의 가치(외모, 성적 매력, 순종적인 성격, 성관계 시 남성의 만족도 등)에 비해 가격(남성이 갖추어야 할 조건과 제공해야 하는 재화, 시간, 노력)이 너무 높다고 불평한다. 이들이 보기에, 한국 여성은 원정 성매매를 하고, 백인 남성과 돈 많은 남성들에게만 "벌려" 부당한 이득을 취하면서도, 자신에게는 쉽게 "대주지 않고" 성욕을 미끼로 더 많은 것을 요구한다. 이 남성들은 자신이 성욕의 지배 아래에 있기 때문에 여성에게 시간이나 재화, 노력 등을 부담해야 하는 철저한 피지배자적 위치에 놓여졌다고 여긴다.

그러한 여성혐오 이데올로기를 구체적으로 수치화 한 것이 일베의 "보지값" 이라는 개념이다. 이는 남성이 여성과 성적인 관계를 맺기 위해 지불하여야 하는 비용을 지칭하는 속어다. 보지값은 여성에게 밥을 사거나 선물을 사주는 비용과 같은 금전적 비용 뿐 아니라, 여성의 환심을 사기 위해 들이는 시간이나 노력 등 일련의 모든 기회비용을 포함한다.

2021년 8월 25일에 게시된 "보지값 버블 feat. 한녀"와 2016녀 1월 19일 게시된 "보지들은 상례돼도 보지값 안떨어진다"라는 제목의 두 가지 일베 게시물을 살펴보자. 이들이 보기에 한국 여성들은 자신의 "보지값을 부당하게 높게 책정"하는데, 그 이유는 "보빨*해 줄 남자들"이 "밖에 수두룩"하며, 그 남성들이 "대쉬"하고 "보빨"을 해주기 때문이다. 경제력이나 외모, 직

---

* 보빨: "보지를 빨다" 라는 표현의 속어. 여성에게 환심을 사기 위한 시간과 노동과 재화를 들이는 노력을 칭하는 속어이다.

업 등의 조건을 갖추고도, 여성의 환심을 사기 위해 선물이나 호의 등을 제공하는 "보빨남"들 때문에, 보지값은 상승한다. 김치녀들은 이를 이용해 나이가 들거나, 외모가 떨어져도 남성의 재력, 직업, 키, 얼굴 등을 저울질하며 "절대적인 갑" 행세를 한다.

피해의식에 사로잡힌 남성들은 "거품낀 보지값을 하루빨리 떨어뜨릴" 방법을 궁리한다. 그러고는 남성에게 성적 만족을 위한 수단을 박리다매로 공급하는 것이 상황의 유일한 타개책이라고 결론 짓는다. 실제로 일베 게시물 "보지값 버블 feat. 한녀"의 작성자는 "거품 낀 보지값"을 떨어뜨릴 방법으로 "인공지능 리얼돌"의 보급화를 제안하기도 한다. 남성들이 리얼돌로 성적 욕구를 해소하고, 실제 여성과의 연애와 결혼을 원하지 않게 되어야 "지금처럼 계집들이 똥배짱을 부리는 일"이 없어질 것이라는 거다. 이처럼 편집증적 여성혐오에 사로잡힌 남성들은 "거품 낀 보지값"을 낮추기 위한 시장적 개입이 필요하다고 주장한다. 그 중 가장 인기를 끄는 제안은 성매매의 합법화이다.

일베를 비롯한 여러 남성 커뮤니티에는 "여친 사귀어보니까 진짜 오피가 가성비로 치면 싸다는걸 깨달음ㅇㅇ"나 "여친 vs 오피녀 전격 비교", "여친은 공짜 좆집이 아니라 가성비극악 창녀지", "업소년 vs 여친 전격비교", "ㅅㅅ하는데 드는 비용", "여자에게 투자한 만큼의 섹스 수익률 FEAT HWP"***등 하룻밤 여성과의 성관계에 드는 비용을 분석하는 글들로 무성하다. 이들

** 전부 https://www.instiz.net/pt/3948121 사이트에 캡처된 게시물 참고.

의 공통된 주장에 따르면, 한국 여자들은 외모가 뛰어나지 않은
("와꾸 빨은 ㅍㅌㅊ")* 여성임에도 불구하고, 남성에게 식사와 음
료를 포함한 데이트 비용, 대실 비용 등 10만원 이상의 비용을
부담하게 하고, 남성에 대한 성적 서비스("목석처럼 누워있고, 펠라
안되고, 보빨 얼싸 입싸 안되고", "빨X주는 기술", "내 하고 싶다고 아무
때나 안해준다" 등) 또한 좋지 않다. 게다가, 이들은 남성의 경제력
이나 외모, 직업 등을 따지고, 기념일 선물이나 감정적 지지 등
각종 노력을 요구한다. 반면, 성매매 여성의 경우, 저렴한 가격
에 훌륭한 상품("와꾸 몸매 ㅅㅌㅊ**는 년한테 서비스 받으면서 소비자
입장에서 갑질 가능하고 내 기분에 맞춰줌", "어떠한 요구도 무리없이 들
어준다", "사까시 할 때 담배 필수 있다", "내가 원하는 시간" 등)을 제공
하므로 "가성비"가 비성매매 여성과 로맨틱한 관계를 맺는 것보
다 낫다는 것이다.

　2020년 12월 9일 일베에 게시된 "김치녀의 탄생과 멸망.
Feat 성매매합법화"라는 제목의 게시물을 보자. 작성자는 클럽
과 같은 장소에서 "15만 원 수준인 여자와 자기 위해 몇 명의 남
자들이 자존심 버려가며 구걸하는" 꼴을 보면 "처절하고 애잔"
하다고 일갈한다. 성매매를 경험한 남성이라면 이러한 여성들과
의 성관계는 "고작 15만원의 가치를 갖는다"는 사실을 깨달을
것이다. 그는 더 많은 남성들이 성매매로 성욕을 해소하게 되어

---

* 와꾸빨은 ㅍㅌㅊ: 와꾸는 외모를 속하는 비속어이고 ㅍㅌㅊ는 평균 정도를 의미
하는 비속어이다.
** ㅅㅌㅊ: 평균 이상은 된다라는 의미를 뜻하는 비속어이다.

야 "성욕에 눈이 멀어 김치녀에게 빌빌 기는 일"이 줄어들 것이라고 단언하고 있다. 비슷한 맥락으로 2018년 7월 14일에 게시된 "여자들이 성매매 합법화를 기를 쓰고 반대하는 이유…jpg"에서 작성자는 성매매가 합법화되면 남성들이 더 이상 "여자한테 이것저것 갖다 바치며 보빨해주면서 섹스"하지 않게 될 것이라고 적는다. 남성들은 "젊고 예쁘고 탱탱한 20대" 성매매 여성과 저렴한 가격에 손쉽게 관계를 맺을 수 있게 될 것이다. 이는 보지값 하락을 불러올 것이며, 여성들이 성매매 합법화를 반대하는 이유는 바로 여기에 있는 것이 틀림없다고 여긴다. 2021년 12월 30일에 게시된 또 다른 게시물 "김치녀들이 기를 쓰고 성매매를 불법으로 하는 이유.reason" 역시 성매매 합법화가 보지값 하락을 초래할 것이라고 예측하고 있다. 남성들이 "7만 원이면 너(김치녀)보다 예쁘고 어린 20대 초반 애랑 물고빨고" 하는 관계를 맺을 수 있게 되므로, "나이 많고 못생긴 김치녀"들의 가치는 하락한다는 거다.

이들은 여성에게 지불하는 보지값, 즉 관계에 들어가는 금전적 비용, 상대의 호의를 사기 위해 들이는 시간과 노력 등에 적정한 가격이 책정되어 어리고 예쁜 여성과의 섹스와 등가교환이 되어야 한다고 여긴다. 이 남성들에게 여성이란 섹스를 위해 비용을 지불하고 소비하는 소비재에 불과하다. 자고로 여성은 저렴한 가격에 양질의 섹스를 제공하는 "가성비 좋은" 제품이 되어야만 하는데, 이 법칙을 위반하는 존재가 바로 김치녀인 것이다.

따라서 성매매를 합법화하여 남성들에게 저렴한 가격에 훌륭한 상품의 여성을 제공하여야 한다. 이 방법만이 현재 김치녀의 횡포를 멈출 수 있다. 이러한 신념은 일베의 여러 게시물에서 반복되어 변주되고, 강화된다.

이러한 담론 속에 여성을 섹스를 제공하는 상품으로 여기는 '보지'라는 호명이나, 상대의 호감을 사고 관계를 존속시키기 위한 모든 행위와 노력을 보지값으로 치환하는 어법이 얼마나 여성혐오적인가에 대한 자성은 완전히 부재한다. 대신 남성들은 상대 여성의 외모가 "7만 원" 짜리 혹은 "15만 원" 짜리인지 따져보는 데에 몰두한다. 그러고는 성매매를 반대하는 이기적인 김치녀들을 상대로 피해의식을 폭발시킨다.

연애와 섹스에 대한 기회비용, 즉 보지값을 낮추기 위한 또 다른 방안으로 이들은 더치페이의 정상화를 꿈꾸었다. 더치페이는 성재기 씨의 대표적인 어젠다로도 잘 알려져 있다. 트위터 활동가 故 성재기 씨가 남긴 트윗 중 우중충한 하늘 사진과 함께 "더치페이하기 좋은 날씨다"라고 적어 올린 트윗은 남성들 사이에서 잘 알려진 그의 명언 중 하나다. 그는 일생 동안 여성들이 더치페이하지 않는다는 사실에 분개했으며, 더치페이 하지 않는 여성은 성매매 여성이나 마찬가지라고 일갈했다. 성재기의 추종자들은 더치페이의 정상화 전략이 섹스에 있어 남성들에게 드는 기회비용을 낮추어 연애 시장을 더 공평하게 만들 것이라 생각한다. 이들은 남자를 돈으로 보는 여성을 경멸하고 혐오하지만,

사실 그 누구보다 보지값에 민감한 이들이다. 엄진은 일베에서 기획된 편집증적 여성혐오 이데올로기가 전체 한국 사회로 확산되어 '데이트 통장'이라는 새로운 문화를 만들어 내며 젠더 헤게모니에 실질적 변화를 가져왔다고 평가했다.*

편집증적 여성혐오의 핵심에 있는 것은 "어리고 예쁜 여성과의 섹스"가 불가능한 현실에 대한 좌절이다. 이 남성들이 가장 부당하다고 여기는 것은 '원하는 여성과 원하는 때에 섹스하지 못하는 것'이다. 피해를 보고 있다고 믿는 이유 또한 '원하는 여성과 섹스하기 위해 너무 많은 자원을 들여야 한다'고 믿는 데에 있다. 이들은 섹스를 위해 부당하게 높은 보지값을 지불해야 하는 남성들을 구제할 방안을 논의하며, 남성의 손해를 최소화할 성 역학 이데올로기를 전략적으로 선전한다. 일베를 필두로 한 여성혐오적 남성들은 성매매 합법화나 더치페이 정상화와 같은 문화적, 사회적, 도덕적 담론을 생산해 보다 적극적으로 보지값을 조정하고자 했다. 이에 관해 〈시사인〉은 한국의 여성혐오는 시장가치가 높게 책정된 불특정 다수의 여성들에 대한 "가격흥정전략"이라고 이미 평가한 바 있다.**

전략적 여성혐오의 구축

* 엄진 「전략적 여성혐오와 그 모순: 인터넷 커뮤니티; 일간베스트저장소'의 게시물 분석을 중심으로」〈미디어, 젠더&문화〉 제31권 제2호 2016. 193-236p
** 천관율 "여자를 혐오한 남자들의 '탄생'" 시사인 2015.09.17

김학준은 일베가 혐오하는 대상을 "홍어, 보지, 빨갱이" 즉, 전라도와 여성, 그리고 진보좌파로 묶어내며 일베 이용자들이 이들을 혐오하는 이유는 "의무는 지지 않고 권리만 누리려 하는" 사회의 무임승차자이기 때문이라고 해석한 바 있다. 그는 여성의 경우, 성을 무기로 남성을 경제적으로 착취하는 김치녀의 이미지로서 혐오의 대상이 되고 있다고 분석했다. 여기에서 엄진은 일베 이용자들이 여성혐오에 있어서는 "구체적으로 여성들이 지향해야 할 상을 제시"하고 있다는 점을 지적한다. 이는 전라도나 진보 세력 등 다른 대상에 대한 차별 이데올로기와는 분명하게 차이가 있다.

　　한국의 페미니즘 문헌들은 온라인 여성혐오가 이미 존재하고 있는 이데올로기가 발현된 '결과물'이라기보다는, 확고한 목적을 가지고 어떠한 이데올로기를 구축해가는 '과정'인 것으로 분석한다. 온라인의 남성들은 김치녀 담론이나 개념녀 담론을 치밀하게 쌓아 올리며, 자신의 성적 욕구를 저렴한 가격과 적은 노력만으로 만족스럽게 충족시킬 수 있는 여성들을 갈망하고, 그에 맞는 여성상을 생산하고자 했다. 여성들이 추구해야 하는 바(검소하고, 남성에게 많은 것을 요구하지 않고, 남성의 조건을 따지지 말 것. 그러면서도 외모는 아름답고, 성격은 온순하며 남성에게 순종적일 것)와 지양해야 할 바(사치스럽고, 남성에게 많은 것을 요구하며, 남성의 조건을 까다롭게 따지는 것. 또한 외모가 아름답지 못하거나, 성격이 드세거나 남성에게 순종적이지 않은 것)을 명확하게 제시함으로써, 보지값을 낮출 수 있는 여성혐오적 이데올로기를 견고하게 구축해 나갔다.

특히 엄진은 그의 논문에서 여성혐오자들이 온라인에서 혐오발화를 전략적으로 무기화 하는 과정을 상세하게 묘사한 바 있다. 그녀는 일베의 언어와 담론이 의도된 문화적, 사회적, 정치적, 도덕적 목표를 이루기 위해, 고도로 조심스럽게 고안되어지고, 전략적으로 유통되는 과정을 관찰했다. 그의 논문에 인용된 "보슬아치 다시 사용하기 운동"이라는 제목의 게시글을 보자.

게시글

언젠부턴가 사라진 단어 "보슬아치" [보지]+[벼슬아치]의 합성어로 지금사용되는 "김치녀"보다 직설적인 단어다. 솔직히 된장녀, 보슬아치, 김치녀 라는 단어는 몰상식하고 개념없는 여성을 지칭하는 뜻을 내포하고 있고 그중 가장 파괴력있는 단어는 보슬아치 라는 단어다. 만약 자신이 여성이라는 이유로 우대받고 자신의 편의를 요구한다면 "개념없는 김치녀!"가 아닌 "그래, 니 보지가 벼슬이다 시발 보슬아치년아" 라고 해주자.

댓글

부랄적출전문가 ㄴㄴ 뭐 친구끼린 김치녀김치녀 말해도 웃고 넘어가는 여자가 대부분인데 보슬아치는 ㄹㅇ (레알, 진짜) 존나 뜻 말해주면 개혐ㅇ스라워한다

전완 현실에서 보지라는 단어 쓰기 힘들다

바꿀닉네임이없노 야 씨발 근데 일상생활서는 김치녀 대신 보슬이란 단어쓰기가 어려운게 현실이다 ㅋ

청산가리마심1 김치녀가 더 강해보이는데? 외국뽕 맞고 허세부리는 년들이
나 돈 밝히는 년들 볼 때 김치녀라는 단어가 강하게 비꼬는
느낌도 강하고 풍자성이 더 강함

출처: "전략적 여성혐오와 그 모순:
인터넷 커뮤니티; 일간베스트저장소'의 게시물 분석을 중심으로"

이들은 게시글 내용과 댓글을 통해서 보슬아치와 김치녀
중 어떤 용어가 여성들에게 더 강한 '파괴력'이 있을지를 고민하
고, 자신이 생각하기에 가장 파괴력 있는 단어가 더 널리 사용될
수 있도록 '운동'을 제안한다. 엄진은 제목에서 사용된 '운동'이
라는 단어가 "이들이 여성에게 어떤 이름을 붙이고, 이를 사용하
는 것이 정치적 효과를 갖고 있다는 사실을 인지하고 있음"을 보
여준다고 분석했다. 일베의 남성들은 그들이 생산하는 여성혐오
담론의 정치적 효과를 명확하게 인식하고 있으며, 이를 통해 한
국 사회의 젠더 헤게모니에 영향을 미치고자 한다.

"일베의 보험*wave가 나중엔 큰 반향을 낳을수도 있다.txt"
라는 2012년 10월 26일의 일베 게시물은 이미 2012년에 일베에
서 표출하는 김치녀에 대한 혐오가 점차 전체 한국 사회의 주류
담론이 될 것이라는 관측을 내놓았다. 그는 과거에 "딱 디씨 진
사갤 내에서만 사용"되던 된장녀라는 표현이 정상화되어 "된장
녀란 말을 이제 모르는 국민이 없게 되었다"고 지적한다. 이처럼
현재 일베에서 퍼지고 있는 "김치보험 문화" 역시 곧 오프라인

---

* 보험: "보지 혐오"라는 표현의 준말로, 여성, 특히 한국 여성을 '혐오'하는 일베
의 문화를 뜻한다.

으로까지 번지게 될 것이라고 예측한다. 불행하게도 그의 예측
은 정확히 맞아 떨어지고 말았다. 게시물은 일베 이용자들이 온
라인 여성혐오 담론이 퍼지는 과정을 명확하게 이해하고 있으며
("모든 인터넷 문화가 그렇듯 디씨에서 흥하면 1달 이내에 오프라인까지
퍼진다") 담론 형성의 사회 정치적 효과까지 고려하고 있다는 사
실을 보여준다. 그가 보기에 된장녀 담론은 "된장녀의 허영심을
비난"하는 여론을 주도하여, 여성들로 하여금 "된장녀 같은 행
동이 눈에 안 띄게 신경"쓰도록 스스로 행동을 경계하고 규제하
게 만들었다. 그는 일베의 김치녀 담론 또한 여성의 행동 통제에
효과적일 것("최소한 보지녀가 결혼할때 9:1을 주장하면 냉소를 띄며
"너 김치녀야? 이건 너무 심하자나?" 한마디가 어느 정도 통해 9:1일 것
이 8:2가 될수도 있는거다")라고 주장한다. 게시물의 작성자는 주류
화된 여성혐오 담론이 여성의 행동을 통제하고, 조종하는 데에
효과적이라는 사실을 강조하며, 이용자들에게 지속적으로 여성
혐오 이데올로기를 생산하고 선전("계속 김치보험 문화를 부각시키
고 강력한 논리와 증거로 압박")할 것을 권한다. 여성혐오 이데올로
기를 한국 사회에 관철하며 이들이 이루고자 하는 것은 결국 한
국 여성과의 관계 비용 절감이다.

위에서 사이버 스페이스의 남성들이 보지값을 통제하기 위
한 방법으로 문화적, 사회적, 도덕적 이데올로기 구축을 적극적
으로 활용한다고 이미 지적한 바 있다. 엄진 역시 일베 이용자들
이 두 가지 종류의 담론 형성을 통해 자신에게 유리한 젠더 이데

올로기를 구성하고자 했다고 평가했다. 첫 번째 전략은 김치녀와 같은 부정적인 여성상의 제시이다. 이들은 특정 여성들에게 낙인을 찍고, 수치심을 주고, 사회적 배제나 질타와 같은 처벌을 내림으로써 한국 여성의 행동을 통제하고자 하였다. 두 번째로 이들은 개념녀로 대표되는 긍정적인 여성상을 제시하며, 남성에게 '성적으로 가치 있는' 상품으로서의 여성상을 장려한다. 개념녀 담론은 남성의 관계 비용을 절감할 수 있는 가치 체계를 제공하고 여성들이 이에 따르고 지향할 것을 지시한다. 아래에서 김치녀와 개념녀 담론의 구성이 어떻게 한국 여성의 욕망과 선택, 언행과 행동을 통제해왔는지를 자세하게 서술하도록 한다.

부정적 여성상의 제시 : 김치녀

김치녀라는 단어는 여성혐오 담론에서 엄청난 상징성을 가진다. 〈시사인〉은 일베의 여성혐오 담론을 분석하며, 김치녀가 사실상 여성의 대체 단어가 되었다고 평가했다.[*] 김치녀 담론은 2013년에 들어서면서부터 매스컴에 등장하기 시작하며 이기적인 한국 여자들을 호명해내는 주류 담론으로 자리잡는다.

〈TV 조선〉에서는 당시 방송에 일본 여성(스시녀)과 비교하여 한국 여성(김치녀)를 비하하는 이미지를 삽입하여 논란을 사기도 했다. 해당 이미지에서 스시녀는 남편을 위한 아침식사를 정성껏 준비하고, 데이트 비용을 여남이 함께 부담하는 것이 당

---

[*] 천관율 "여자를 혐오한 남자들의 탄생" 시사인 2015.09.17

연하다고 생각한다고 소개한다. 반면, 이기적인 김치녀들의 경우, 데이트 비용을 "남자가 내는 게 당연"하다고 여기고, 결혼 후 아침식사를 "대충 빵으로 해결"하려고 든다는 것이다.[**] 일베가 기획하고 선전한 여성혐오 담론이 결국 한국 사회 전체를 침식하게 된다는 사실을 다시 한번 확인할 수 있는 사건이었다.

〈시사인〉의 일베 여성혐오 담론 지도(44p)에도 스시녀가 김치녀 키워드와 함께 등장하고 있을 정도로, 스시녀는 남성이 원하는 이상적인 가치를 지니는 여성상으로 자주 거론된다. 일베에 '김치녀'로 검색을 해보면, "스시녀 vs 김치녀", "스시녀와 김치녀의 차이" 등과 같이 일본 여성과 한국 여성을 비교한 게시물이 수두룩하게 검색된다.

그 중 한 가지 예시를 살펴보자. 2018년 10월 26일 일베에 게시된 "스시녀 vs 김치녀 장단점 분석"에서 작성자는 한국 여성은 "남자는 호구이며 등쳐먹어야 한다는 사상"이 있고, "데이트 비용"을 남성에게 부담하게 하고, "꼴페미 사상"을 기본으로 탑재하고 있으며, 남성의 군 복무 문제를 무시한다고 서술한다. 반면, 일본 여성의 경우 "한국에서 액옥되던[***] 나한테도 군필자라는 이유 하나만으로 남자답다고" 좋아해주고, "경제적으

[**] 이계덕 "일본女는 '스시녀' 한국女는 '김치녀', TV 조선 논란" 신문고 뉴스 2013. 01. 10
[***] 액옥대다: 장애인을 비하하는 인터넷 속어이다. 여기에서 어떤 의미로 사용하였는지 분명치는 않으나, 문맥 상 다른 여성들에게 무시당하고 매력이 없다는 의미로 사용된 것처럼 보인다.

로 어려워도", "내가 바보 같은 짓을 해도", "일베해도" 뭐라고 하지 않고 사랑해주기 때문에 그가 일본 여성을 선호하는 것이라고 설명한다.

이처럼 사이버 스페이스의 남성들은 한국 여성을 개별성이 없는 전체로서 폄하하기 위해 다른 국가 여성에 대한 이미지를 차용하여 비교하곤 했다. 그러한 트렌드를 주류 미디어로 가지고 들어온 것이 2006년부터 2010년까지 KBS에서 5년간 방영된 〈미녀들의 수다〉라는 프로그램이다. 해당 프로그램은 한국 여성과 다른 외국 여성들의 이미지를 상품화하여, 한국 여성의 부정적 모습을 부각시키는 데에 일조했다. 한국 여성은 남성에게 데이트 비용을 부담시키고, 명품백을 들고 다니며 사치와 허영을 즐기는 모습으로 묘사되며, 그렇지 않은 외국 여성들과 비교 대상이 되었다. 외국 여성들이 한국 여성들에게 일침을 날리는 장면들을 지속적으로 노출하여, 김치녀들을 비난 받아도 마땅한 혐오의 대상으로 공고하게 자리매김시켰다.

동시에 해당 프로그램은 한국적 여성혐오의 편집증적 성향을 본격적으로 주류화한다. 미녀들의 수다 에피소드 중 한 여성이 "데이트 비용은 남성이 부담해야 하고, 키가 작은 남성은 매력이 없다"라고 발언을 하는 장면이 있다. 이에 다른 남성 패널이 "키 작고 돈 없는 남자들은 죽으라는 얘기냐"라고 응수하고, 여기에 "어느새 세상은 남자가 약자"라는 자막이 삽입된다. 문제적 장면을 보면 정말이지 한국 남자가 불쌍하게 여겨지는 것이다.

"키가 180cm 이상이 되지 않는 남자는 루저"라는 발언을 한 또 다른 여성 출연자는 방송 이후 남성 시청자들의 공분을 샀다. 분노한 남성들은 이 여성에 대한 조직적인 공격을 기획하는 집단행동에 돌입한다. 개인정보를 유출하고, 끔찍하고 폭력적인 메시지를 보내고, 대학교에 항의 전화를 걸고, 실시간으로 그녀의 사생활을 공개하는 등 해당 여성을 위협하고 괴롭혔다. 그 누구도 이 남성들의 행태에 제재를 가하지 않았고, 그녀에 대한 모든 공격과 폭력은 정당화 되었다. 이 사건은 이후 김치녀들에 대한 본격적인 마녀사냥의 시발점이 된다.

김치녀 담론은 한국여성들의 부정적인 여성상을 완벽하게 담아내는 전형으로 존재했다. 한국의 남성 네티즌들과 주류 미디어는 합심하여 김치녀 이미지를 반복하여 재생산하고 전유함으로써 남성들의 편집증적 여성혐오를 강화해냈다. 그리고 그러한 '김치녀'들에 대한 혐오와 폭력은, 개념 없고 이기적인 한국여성에 대한 훈육의 수단으로서 정당화 되었다.

긍정적 여성상의 제시 : 개념녀

김치녀는 결국 보지값이 높은 여성이다. 이들은 남성에게 요구하는 것이 많다. 편집증적 여성혐오자들은 김치녀들에게 낙인을 찍고, 수치심을 주고, 사회적 배제나 질타와 같은 처벌을 내려 훈육하고자 했다. 한국의 온라인 여성혐오는 김치녀들을 마녀사냥 하는 동시에, 개념녀 담론을 공고하게 쌓아 올려 여성들이 개념녀가 되기 위한 규칙만 잘 따른다면 혐오와 폭력의 대상에서 배제될 수 있음을 제안한다. 유럽의 여성혐오 역사에 '성녀-창녀 이분법'이 있었다면, 한국의 사이버 스페이스에는 '개념녀-김치녀 이분법'의 역사가 있다.

개념녀의 실체   2015-08-17

열녀문은 정절만 지키면 됐었는데 개념녀는ㅋ

일단 특정여대에 진학하면 안됨.

남친을 사귈땐 얼굴,키,돈 아무것도 따지면 안되고 무조건사겨야됨

특히 키는 절대 보면 안됨.

데이트할때 남자가8:2로 먹어도 돈은 5:5로 내야하고

데이트 통장에 돈 갈아 넣고도 남자가 카드 긁을 때 뒤에 조신하게 서 있어야 됨

가끔 남자한테 뭐 사줄 땐 생색내면 안되고

센스있게 지갑에 넣어줘야 됨

공중 화장실은 절대 이용하면 안 됨

잘못하면 몰카찍혀서 관음&언어 강간당하고

미래에 남편되실 고귀한 김치남께 더러워 보일 수 있음.

하지만 부득이하게 이용하려면 팬티에 신경써야하고

보여지는 것에 익숙한 신여성이 돼야함.

결혼할 때 부모님이 오빠나 남동생한테 결혼 자금을 인해주더라도 나는 일단 반반 해가야 됨.

결혼 후엔 직장+가사육아+시댁 쓰리잡 뛰어야 됨.

애 낳으면 독박육아 해야 되는데

하늘 같은 남편이 직장에서 일할 동안 카페가서 수다 떨면 맘충 됨.

내가 마시고 싶은 커피 브랜드, 가방 브랜드, 화장품 브랜드 마음대로

선택하면 안됨, 내가 내 돈을 쓰더라도.

운전할 땐 경차타고 다녀서 무시받고 무리하게 끼어들기 당하더라도

외제차 타면 절대 안 됨.

하늘 같은 김치남들의 열등감을 자극할 수 있으니 조심조심

카레이서급으로 운전을 잘하더라도 김여사 소리 들을 수 있으니 운전

을 아예 안하는게 나음

이게 개념녀의 실체임ㅋㅋㅋㅋㅋㅋㅋ

출처: 메갈리아

　　여성이 개념녀가 되기 위해서는, 우선 예쁜 외모를 갖추어야 하지만, 남성에게는 경제력이나 외모, 조건 등을 요구하지 않아야 한다. 동시에 남성에게 경제적 부담을 주지 않기 위해 더치페이를 하고 평소 검소한 생활 습관을 유지하여야 한다. 뿐만 아니라 남성의 성희롱과 착취에 일체 항의하지 않고, 가사와 육아 등을 불평 없이 수행해 내야 한다. 그들은 남성에게는 아무 것도 요구하지 않으면서, 본인은 훌륭한 상품이 되어 남성이 만족할만한 서비스를 끊임없이 제공하는 존재다. 개념녀의 조건이란 남성이 여성과 관계를 맺음에 있어 남성의 만족도를 높이되, 비용은 낮추는 방향으로 여성을 통제하는 데 초점을 맞추고 있다. 개념녀는 결국 남성이 손 쉽게 착취할 수 있는 한국 여성이다. 여성혐오적 남성들은 온라인에서 김치녀에 대한 강도 높은 폭언과 폭력으로 공포심을 조장하는 한편, 개념녀 담론을 면밀하게 쌓

아 올렸다. 자신들이 제시한 개념녀의 조건을 갖추기만 하면 안전하게 남성의 사랑과 인정을 받을 것이라며 여성을 안심시키는 것이다. 엄진은 온라인 여성혐오 담론이 남성들에게 "자신들이 원하는 여성상을 구축하고 여성을 통제하려는 기획과 전략으로서" 기능한다고 평가했다.

가격흥정 전략으로서의 편집증적 여성혐오 이데올로기

역차별의 편집증에 사로잡힌 남성들은 개인적인 데이트 경험의 좌절이 한국 여성의 보지값이 부당하게 높게 책정되었기 때문인 것으로 여긴다. 이에 이들은 적은 노력과 저렴한 가격에 성적으로 소비하고, 착취하기 좋은 상품으로 한국 여성의 대량 생산을 기획하였다. 이들은 더치페이나 성매매 합법화와 같은 어젠다를 통해 데이트 시장의 규칙을 변경하고, 김치녀와 개념녀 담론을 통해 여성들의 욕구, 태도, 행동과 외모를 통제하고자 했다. 이들의 여성혐오 이데올로기는 아주 뚜렷한 정치적 의도를 가지고 있다. 그 의도란 한국 여성의 성상품화를 통한, 보지값의 하락을 뜻한다.

나는 한국 여성혐오 이데올로기의 특징으로 편집증적 여성혐오를 지목한다. 편집증적 여성혐오 시나리오의 중심에는 데이트 시장에서 자신의 보지값을 부풀리는 김치녀가 있다. 여성혐오자들은 보다 적은 비용과 노력으로 여성과의 섹스에 도달할 수 있게 되기를 갈망한다. 편집증적 여성혐오 담론은 이러한 의도를 가지고 전략적으로 구축되었다. 온라인 여성혐오자들은 혐오 발언과 이들이 생성하는 담론의 정치적 효과를 명확하게 인식하고 있었고, 가성비 좋은 개념녀들의 대량 생산이라는 정치적 어젠다를 위해 이를 전술적으로 채택했다.

메갈리아의 탄생

편집증적 여성혐오가 여성에게 부리는 극심한 횡포에 어떤 형태로든 저항이 일어나는 것은 결국 당연한 수순이었을지 모른다. 그럼에도 불구하고, 모든 일은 마치 우연과 행운의 연속이었던 것처럼 보였다.

2015년 5월 20일, 여성혐오 편집증이 유행하는 한반도에 새로운 역병이 번지기 시작했다. 중동에서 출발한 메르스 바이러스가 상륙한 것이다. 메르스는 빠르게 퍼져나가며 한국 사회에 공포와 불안감을 조성했고, 5월 29일 디씨에 메르스 게시판이 개설되었다. 이 게시판을 둘러싸고, 두 가지 서로 전혀 관련 없어 보이는 일들이 기묘하게 뒤얽혀 일어나면서, 메갈리아가 탄생한다.

첫 번째 사건은 디씨 인사이드의 한 코너에 자리잡은 작은 게시판에서 일어났다. 주로 남성 아이돌 그룹에 대한 이야기를 나누는 남자 연애인 갤러리(이하 남연갤)은 남성 위주의 온라인 세계에서 몇 안 되는 여성 이용자 중심의 게시판이라는 명맥을 유지하며, 비교적 호전적인 여성 부족이 상주하고 있는 공간이다. 본인을 월 수입 350만원의 과장이라고 소개한 34세 남성이 남연 갤에 연애 상담 글을 올렸다. 20세의 신입 여직원에게 사랑을 고백 하고자 한다는 것이었다. 때는 나이 서른이 넘은 여성들에게 '상폐녀'*라는 낙인이 찍히던 시절이었다. 침입자의 뻔뻔함이 남 연갤의 여전사들을 도발했고, 온라인 세계의 냉혹한 규칙에 따라 이 여성들은 욕설과 모욕으로 그에게 화답했다. 발끈한 글쓴 이가, "배용준도 13살 어린 박수진과 결혼한다, 고백을 위해 20만 원짜리 아이크림도 준비했다, 결혼하면 생활비로 150만 원을 줄 것이다, 나는 정력도 세다, (그녀는) 이미 나에게 호감이 있을 것 이며, 내 아이를 낳아 주고 나만 보며 살 것"이라고 항변했으나, 된장녀라는 단어를 패러디한 "강된장남"이라는 호칭만 얻고는 쫓겨났다.** 이후 게시판은 떠나간 강된장남의 대한 분노와 조롱 으로 들썩였다. 남연갤 부족은 흥분과 분노를 이기지 못하고, 마 침 새로 개설된 메르스 갤러리에 전쟁을 선포한다. 오랜 시간 공 격적인 온라인 문법으로 단련된 이 여성 부족이 만만한 신생 게 시판인 메르스 갤러리를 점령한 후 무작위로 "김치남들을 패기 시작" 한 것이다.

---

* 결혼하지 않은 30대 이상의 여성을 상장 폐지 된 주식에 빗대어 표현한 말로, 나 이가 든 여성은 한국 남성에게 이성으로서의 매력을 잃기 때문에 상장폐지 된 기업 과 같다는 의미에서 생겨난 단어
** 윤보라 "[페미니즘이 뭐길래] 1회 메갈리아의 '거울'이 진짜로 비추는 것" 경향 신문 2015.11.23

두 번째 사건은 홍콩 공항에서 메르스 바이러스 확진자와 같은 비행기를 탄 여성이 격리 치료를 거부했다는 오보였다. 온라인 여성혐오가 만연한 사이버 스페이스에서 이 여성들은 이기적이고 자기밖에 모르는 김치녀로 불렸으며, 온라인은 이들이 본인의 허영과 사치를 채우기 위해 홍콩에 휴가를 갔을 것이라는 추측성 비난으로 들끓었다. 하지만 며칠 뒤 해당 환자가 중국 출장 차 홍콩을 경유한 남성이었음이 밝혀졌고, 이에 남연갤의 여전사들은 "만약 이 환자가 여성이었다면 인터넷에서 얼마나 많은 욕을 먹었을지 모른다"며 '김치남 패기'의 수위를 높였다.[***]

메르스 갤러리는 마침 새로 생겨난 신생 게시판으로 아직 아무도 터를 잡지 않은 손 쉬운 침략지였고, 알맞은 순간에 알맞은 사건들이 연달아 터지면서 '메갈리안' 여전사 부족이 자리를 잡고 확장할 기회가 되었다. 메르스 갤러리를 점령한 이들은, 여성들에게 이중적인 잣대를 들이대는 한국 남성에 대한 불만을 폭발시켰다.

메갈리아의 탄생을 추적했던 학자들은 모두 남연갤의 메르스 갤러리에 대한 약탈과 공격이 하루아침에 일어난 기적이 아니었음을 지적하고 있다. 김리나는 메갈리아 이전에 이미 남성 중심 온라인 문화에 균열을 시도해 온 여성들의 역사가 있다고 지적한다. 양선영은 메갈리아가 생겨나기 훨

[***] 김민정 "김치남, 또 김치녀 타령이냐. 남녀 혐오戰 촉매 된 메르스" 한국일보 2015.06.19

씬 이전인 2000년대 후반부터 메갈리아의 미러링 전략과 유사한 팬덤 문화가 태동하고 있었음을 관찰했다. 그녀는 디씨 인사이드 내 이준기 갤러리(준갤)에서 여성 인터넷 유저들이 여성혐오적인 온라인 남성 문화와 터무니없는 주장, 무례함, 공격적인 성적 표현 등 인터넷 어법을 재전유하여 오히려 여성혐오에 응수하고, 맞서 싸울 수 있는 무기로 활용하고 있었다고 평가했다. 메갈리아의 활동가들이 직접 설립한 단체인 한국사이버성폭력대응센터는 또한, 남연갤의 유저들이 한국의 남성 중심 인터넷 문법에 익숙했기 때문에, 그 언어를 스스로 재전유하며 노는 방식으로 분노를 표출하는 미러링이 가능했다고 평가했다.

이러한 연구 사례들이 보여주는 것은 여성혐오에 대한 여성들의 집단적이고 전략적인 반발이 어느 날 갑자기 우연하게 발생한 것이 아니라는 것을 의미한다. 사이버 스페이스의 여성들은 지속적으로 여성혐오에 대응할 수 있는 요령과 전략들을 실험하고 단련해 왔고, 이것이 정점에 다다랐을 때에 메갈리아가 탄생할 수 있었던 것이다.

메르스 갤러리 점령 수일 만에, 말하는 여자들에 대한 탄압이 본격화되었다. "김치남"이라는 단어는 사용되기 시작한 불과 10일 만에 금지어로 지정되었고*, 디씨 인사이드의 관리자는

---

* 파라독사 "여성혐오의 거울반사: 디씨 인사이드 메르스 갤러리 사태에 부쳐"
slownews 2015.06.10

빠르게 성장하는 이 여전사 부족의 언어를 검열하고, 침묵시키려 했다. 이는 디씨에서 지난 수십 년간 김치녀와 된장녀 등 여성을 향한 혐오적인 언사가 용인되어왔던 역사와는 극명하게 대비된다. 당시 디씨 관리자는 '김치남', '한남충' 등의 미러링 표현을 포함한 게시물들을 일괄적으로 삭제하곤 했다. 이러한 게시물들을 저장하고자 하는 노력의 일환으로 만들어진 것이 메갈리아 독립 사이트이다.

    탄압에 지친 여전사들은 자신만의 나라를 개척하러 디씨를 떠났다. 2015년 8월, 이들은 메갈리아[www.megalia.com]라는 독립 국가를 건설한다. 이들은 자신의 영토에 메갈리아라는 이름을 붙였다. 이는 메르스와 《이갈리아의 딸들》이라는 소설 제목을 따온 것이다. 《이갈리아의 딸들》은 여성과 남성의 역할을 전복시켜 보여주는 여성혐오 풍자 소설이다. 미러링에 대한 사이버 세계의 반응은 폭발적이었고, 메갈리아 웹사이트는 기하급수적으로 성장했다. 싱[Singh]은 메갈리아가 이미 개설 시점부터 17만 명의 고유 방문자수를 기록했다고 적었다.[**] 11월 경에 들어서 메갈리아는 37만명의 고유 방문자수를 기록했다. 흥미로운 사실은 이 방문 트래픽 중 4분의 1정도가 일베로부터 비롯된 방문이었다는 것이다.

[**] 에밀리 싱 Emily Singh *"Megalia: South Korean Feminism Marshals the Power of the Internet"* Korea Expose 2016.07.30

Chapter 2

여성혐오 되돌려주기,
미러링

Chapter 2

여성혐오 되돌려주기,
미러링

2015년 5월, 대표적인 여성혐오 온라인 커뮤니티 중 하나인 디씨 인사이드에 처음 둥지를 튼 메갈리아는 불과 몇 달 만에 대한민국 전체에 그 위세를 떨치기 시작했다. 메갈리아가 온라인 공간 한 구석에서 이루는 승전보가 디지털 세계 전체로 퍼져나갔다. 윤보라는 당시 상황을 이렇게 묘사한다.[*]

어디선가 여자들이 남자들을 신나게 '패고 있다'는 이야기는 포털의 카페로, 트위터로, 커뮤니티로 속속 전달되었다.

---

[*] 윤보라 "[페미니즘이 뭐길래- 1회] 메갈리아의 '거울'이 진짜로 비추는 것" 경향신문 2015.11.23

하루에 500명씩 일정하게 늘어나는 격리대상자, 첫 40대 사망자 발생, 첫 10대 감염 등 메르스에 대한 공포가 절정을 향해가고 있었지만, 한편에서는 이 질병의 이름이 해방감과 쾌감, 카타르시스와 동의어가 된 기묘한 여름이었다. 섹슈얼리티, 성적주체화의 가능성 문제, 노동, 젠더정체성, 성역할 고정관념 등을 둘러싼 모든 젠더 억압을 완벽히 전복시킨 놀라운 언어가 쏟아져 나왔다. 1분 단위로 수개의 페이지가 쌓였고 수백개의 추천수를 받은 게시물들이 넘쳤다. 온라인 각지에서 입성한 여성들의 열광과 남성들의 반격, 분탕질, 당황한 선비들의 헛기침, 구경꾼들의 숨죽임이 뒤섞인 채 메르스 갤러리는 단숨에 '실북갤(실시간 북적 갤러리)' 1위에 올랐다. 발 빠른 기자들의 보도가 줄을 이었다.

절대로 무너뜨릴 수 없을 것만 같던 여성혐오의 아성에 감히 맞선 그녀들의 무기는 자살폭탄도, 총기난사도 아닌, 세치 혀(혹은 키보드) 뿐이었다. 메갈리아의 여전사들은 여성혐오 이데올로기를 전복하는 독창적인 미러링 표현들을 매초 매분마다 전투적으로 쌓아 나갔다. 그녀들의 언어는 여성혐오 발언을 비판하는 동시에 그에 기생했다. 남자들만의 전유물이었던 혐오 발화를 빼앗아 그대로 인용함으로써, 혐오의 총구를 남성들을 향해 겨눈 것이다. 많은 이들이 이 거칠 것 없는 여자들의 싸움을 충격과 경외심을 가지고 지켜보았다. 그러나 메갈리아의 명성은 불명예를 동반했다. 메갈리아의 전쟁은 극단적이고 폭력적이며, 그 승리는 혐오 정치를 '역'이용한 덕에 안겨진 승리라는 것이다.

한국의 페미니스트 학계는 메갈리아 운동이 정당화될 수 있는 방식인가를 두고 갑론을박을 벌였다. 사회비평가들은 혐오 정치를 경고하고, 저속하고 급진적인 메갈리아의 비윤리적 담론과 폭력적인 방법론을 비판했다. 메갈리아의 정당성을 두고 지지부진한 논쟁이 벌어지는 동안, 그의 언어적, 문화적, 사회적, 정치적 의의에 대한 논의는 안타깝게도 거의 이루어지지 않았던 것 같다. 여기에서는 메갈리아 운동이란 무엇이며, 어떤 의미를 가지고 있는지, 어떻게 그렇게 효과적일 수 있었는지에 대해 먼저 논한다. 이들의 정당성과 도덕과 윤리적 논점에 대해서는, 책의 마지막 단원에 가서 다루도록 하겠다.

여성혐오 전시하기Exhibit

메갈리아의 폭로가 있기 전까지, 여성들은 '소라넷'이나 '일베'와 같은 남성 중심의 공간에서 소비되는 여성혐오의 실상에 대해 정확히 알지 못했다. 디지털 성착취나 성매매, 그리고 집단 성폭행과 같은 끔찍한 형태의 온라인 여성혐오는 남성들끼리만 공유하는 공간에서 배타적으로 향유되었다는 점에서 여성들에게 물리적으로 숨겨져 있었다. 메갈리아가 사이버 스페이스의 남성들이 전유하는 여성혐오의 많은 부분을 말 그대로 '발굴

^{excavate'} 하였다고 보아도 무방할 것이다. 초기 메갈리아는 남성들만의 공간에 침투하여 여성혐오를 발굴하고, 이를 여성들에게 폭로하고 전시하면서 여성혐오의 존재를 입증하는 데에 집중했다. 대표적인 예가 소라넷 폐지 프로젝트이다.

☆☆소라넷에는 내여친 게시판이 있다☆☆   2015-11-04 18:58:38

소라넷을 아는 많은 여자들이 저 병신들이 지들끼리 저러겠지. 숨어서 몰카나 찍겠지. 내 주위엔 딱히 그럴 사람 없을거라 생각한다. 하지만 자기 여친 몰카를 올리는 전용 게시판이 있다는 건 모를꺼다. 여자 만나서 사귈 만큼 겉으로는 별문제 없어 보이고 상대방도 모르게 찍을만큼 자신을 잘 숨기는 놈들이 우리도 모르는 사이에 여자 팔짱끼고 웃으며 걷고 있을 것이다.

출처: 메갈리아

소라넷 프로젝트가 시작되기 전까지, 대부분의 여성들은 소라넷을 단순한 포르노 사이트로 알고 있었다. 일명 몰래카메라 사건과 같은 불법촬영범죄가 벌어졌다 하더라도 자신과는 상관없는 극소수의 비상식적인 남성들이 벌이는 예외적인 일일 것이라고 지레 짐작해왔다.

그러나 메갈리아의 여성들이 꾸린 소라넷 모니터링 팀은 아주 많은 평범한 남성들이 수많은 평범한 여성들의 일상을 제물로 삼고 있었음을 증명했다. 메갈리아는 여성들로 하여금 디지털 성범죄물 속의 피해자가 행실이 부정하고, 조심성 없는 일부의 여성들이 아니라는 사실을 깨닫게 했다. 영상 속의 피해자가 바로 나일수도 있었다. 소라넷에 성 착취물을 올리는 가해 남성이 자신의 연인이거나, 동료이거나, 친구나 가족일수도 있다. 이와 같은 각성으로부터 시작된 여성들의 싸움은 소라넷 폐지라는 쾌거를 이루어 낸다. 대한민국 검경이 17년간 해내지 못한 일이었다.

왕십리 집단 강간 사건

2015년의 대한민국을 경험한 여성이라면 대부분 〈SBS 그것이 알고 싶다〉의 "왕십리 집단 강간 사건"을 기억할 것이다. 2015년 11월 14일 02:28:36 소라넷에 익명의 남성들을 향한 일종의 초대장이 게시되었다. "서울 왕십리 골뱅이 여친"이라는 제목의 게시물에는, 가슴이 훤히 드러난 채로 찍힌 의식을 잃은 여성의 사진과 함께 자신의 여자친구를 강간할 남자들을 모집한다는 내용의 글이 올라왔다. 아래에는 올라왔던 게시글을 있는 그대로 첨부하여 당시 상황을 생생하게 전달하고자 한다. 인용된 게시물과 댓글의 내용들은 독자들이 보기에 매우 불쾌하고, 섬뜩한 내용일 수 있다. 하지만, 앞서 언급한 바 있듯이 여성혐오의 언어를 정제하고 여과하는 것은, 여성들의 경험을 희석시키는 일이다. 그렇기 때문에 원문 텍스트에 전혀 손을 대지 않고, 있는 그대로 옮겨왔다.

서울 왕십리 골뱅이 여친　　　소요수랑 | 2015-11-14 02:28:36

술이 약해서 맥주 2캔만 먹어도 무슨 짓을 해도 절대 일어나지 않는 나의 사랑스런 여친님. 소라를 잘안해서 랜덤 채팅 앙톡으로 여태 3분 정도 와서 질사하고 가셨는데 ㅋㅋ오늘은 소라에서 한번 초대해볼까요? 사진은 첨엔 약하게…반응 좋으면 또 갑니다~ 수위는 더 세게세게 ~ 쪽지 말고 댓글주세요. 쪽지 안 읽어용.

댓글

타임레인 바로갑니다 ㅌㅌ timerain 27t세 188/75

탐아시 182 72 29 16 서울 성수 왕십리로 빨리 이동가능해요~ㅎㅎ ㅌㅌ gnatlrl 주세요~ㅎㅎ

일단콜해 초대남 지원해봅니다 열심히 최선을다해서 싸겠나이타 ㅌㅌ samo92

Sky725 지금바로 바로바로 갑니다!! ㅌㅌ kader0

벼딩 차시동걸었습니다~ 틱톡주세요 saintpain 28세 / 183 / 72

eigyo 왕십리면 바로 옆입니다~! 불러주시면 바로 텨갈게요!! ㅌㅌ gacsan 입니다!!

4강신화 바로 5분도 안걸려요!! ㅌㅌ yosiki1681

도와줘포포 왕십리 금방쏴요 틱 ekftms입니다 최선을 다해서 싸볼께요

w.joker 안녕하세요? 질사매니아입니다. ㅌㅌ rhdiddl103

혀으영 초대응해봅니다 매너, 번개처럼빠릅니다 ㅌㅌ: sailoveoo

미칠련 동대문이구요 ㅎㅎ 깔끔하게 싸고 젖에 정액묻히고 돌아가겠습니다 ㅌㅋ kback

나기시마 ㅋㅋㅋ앙톡 광고

섹종대황 26살 177에 70이구여 물건 으로 조질수 있습니다 동대문구청에서 지금 바로 쏩니다. Anarchist12

팬티내놔라 용두동이며 자차 이동합니다. 180-70-31 잘생겼으니 믿고 연락주세요~ tusan123

소유수랑(게시물 작성자) 앙톡 광고 아녀라.. ㅠㅠ 토끼분 찾아요 토끼분 얌전하게 후딱 하고 가실분만 ㅠㅠ

강철지팡이 용두동입니다 토끼 입니다 시간조절 가능합니다 매너있습니다 얌전히 하고 빠지겠습니다 ㅌㅌ ljg6780입니다

캐넌히릿 고대에서 바로 출발 매너장착하고 갑니다 ㅌㅌ corpse 33333 입니다

뒷치기6 29살 트레이너 훈남 몸매 좋습니다. 연락주세요 ^^ ggman77

Sky725 안타깝게도 토끼입니다..ㅠ 후딱 하고 빠지겠습니다! Kader0 30분도 안걸립니다!

섹종대황 완전 토끼 예요 금방 하고 바로 사라지겠습니다 anarchist12 ㅌㅌ

에놀자이죠 우왕 ㅋ 저 3분카레입니다. 꼭 저 채택해주세요 5개월동안 못했어요ㅠ qlalf928입니다

Apppu 지금 바로 갑니다 왕십리살아요~

Eigyo 왕십리 씨유 골목 5분이면 갑니다 !!5분이면 저도 토끼여서 갑니다!! 연락 부탁드려요 ㅌㅌ gacsan입니다!

뒷치기6 믿고 금방 5분안으로 끝내버리겠습니다 ㅌㅌggman77

섹짐 골뱅이 사냥꾼입니다! 지금바로달려가서 보지구녕 조사버리겠습니다! ㅌㅌtpwls1472

만남과절정 ㅌㅌ kesep 후딱 하고 가겠습니다! 20후반 남입니다~

빠앙규 이대에서 출발합니다 콜택시 불렀어요 ㅌㅌ makiri 깔끔하게 질러 드리겠습니다.

강철지팡이 용두동입니다!! 27살 177/65 입니다 중간크기에 릴레이 타임 조절가능하며 짧게 훅하고 빠질수있습니다 연락 기다릴게요! Ljg6780 ㅌㅌ입니다

smssns 금방가요 후 존나 쑤시고 후딱 빠질게요 근데 존나 맛있게 생겼 네요

avihs 184 72 29 바로 갑니다. 연락 주세요^^ ㅌㅌ avihs

CoolImpact 183/79 10분이면 도착합니다!! ㅌㅌ yellow1969

smssns 털도 존나 정갈한게 진짜 존나 싸고싶네요 보기만해도 박자마자 나올 듯 씨발보지가 ㅋㅋ 부르시면 바로 갑니다 차예열해놨어요 틱톡 tlstprvk입니다.

드릴같은너 휴가나왔는데 죽겠습니다 살려주십쇼 빠르고 깔끔하게 할수있 습니다 ㅌㅌ star6944

발로롤로 시발년 보지털에 좆물뿌려서 미역처럼해줘야겠다 남친 보는앞 에서 다른남자 좆물 인지도 모르고 묻혀놓고 자겠지 신설동임다! Kkhhyy1.1 신속하게 치고 빠지겠습니다

Justink Kisjustin

통통보지88 오랜만에 본가 왔는데 이런 떡이 왕십립니다!!! 바로 쏘고 가 서도 3분만에 쑤셔서 허벌보지 마ㄴ 들어드리겠습니다 연락주 십쇼 ㅌㅌ88zaza

출처: 소라넷

인용한 게시물은 소라넷에 2015년 11월 14일 오전 2시 28분에 올라온 게시물과 3시 27분까지 1시간 동안 게시물에 달린 댓글들이다. 집단 강간을 모의하는 자는 피해 여성의 남자친구로, 그는 온라인의 남성들에게 무작위로 피해자를 강간할 기회를 약속한다. 이미 랜덤 채팅 앱을 통해 3명의 남성이 집단 강간에 공모하였으며, 가해자는 소라넷 사이트에서 공범을 더 구하고 있다. 여기에 약 30명 가량의 남성들이 '지금 바로 달려가서 여성을 강간할 테니, 자신을 초대해 달라'는 메시지와 함께 연락처를 남겼다. 그 중 어느 누구도 이것이 이 여성에 대한 심각한 성폭력이라는 문제를 제기하지 않았다.

서울 왕십리 골뱅이 여친2　　　　소요수랑 | 2015-11-14 02:39:10

반응 좋아서 한 개 더갑니다 ~ ㅋㅋ펌핑 직전에 찍은 사진 ~여친은 165 49 21살 입니다 ㅋㅋ정확히 3시 30분에 두 분에게 톡 드릴게요. 토끼처럼 재빨리 하고 가주시면 되요 ㅠㅠ 영상촬영에 거부감 없으신분 !!물론 얼굴은 안나오게 ㅎㅎ 거친 욕과 함께 댓글 부탁드립니다 !

댓글

에놀쟈이죠 개쩌네요 ㅠ qlaf928 꼭 간택이되기류

빠앙규 아 미친년 존나 맛있게 생겼네 오빠 지금 택시 잡았다 씨발 ㅌㅌ
　　makiri 간다 지금 언넝 박아주께

Apppu 왕십리 모텔쪽 바로 5분안에 가요 gogobasic0102

섹종대황 씨발년이 먹어달라고 난리도 아니네 근데 어쩌냐 난 조루인데..

금방끈나서 난너무 약해서 미안해 근데 나만 즐기고 갈게 An-archist12

소요수랑 (게시물작성자) 톡하면 10분안에 올수 있으신분만 댓글 달아 주세요 ~ 콘은 안해도 되요 이틀전에 마법끝나서

강철지팡이 안녕하세요 27살 용두동이고 177/65 입니다 3분컷 찍싸게 바로빠지겠습니다 촬영 가능하구요 톡이 복스럽네 시벌 내잦이도 훅 넣고싶네요 혀로 낼름낼름   타벌랑게 초대해주세요 금방갑니다

도와줘포포 개년 가슴빨고 싶다. 샌드위치 가능한가요? 젤 챙겨 갈께요.

smssns 와 씨발년 젖탱이 개꼴리네 진짜 뜯고 싶게 생겼네요 차로 이동당장가능해요 연락주심 바로 갑니다 와우 다뜯어내고 싶네요

도워줘포포 틱톡 ekftms입니다

강철지팡이 ljg6780 ㅌㅌ입니다 10분안에 갑니다 용두동입니다

섹종대황 10분이면 이미 끝나잇을텐데요.. ㅋㅋ

섹짐 개씨발창년 벌거벗은몸이 꼭 개걸레같구나 오빠가 가서 니 보지안에 정자로 가득채워줄게 씹창년아 개자지한테 질사당하는 개보지년아 니년 아가리에 좆물리고 뿌리채박고싶구나 개쌍년아 ㅌㅌtp-wls1472

가는거니너 토끼보다 재빠르게!! ㅎㅎ 부탁드립니다 꼭!! ㅌㅌ qwas2443

만남과절정 젭니다. 옷 입고 있습니다. 달려가면서 이미 흥분 중이라 넣으면 나올 것 만 같습니다. ㅌㅌ kesep 3시 30분 카운트다운!

Ecodick 정액이 가득차있어서 너무 고통 스럽습니다 지금 압구정이고 24살 178에 72키로 건장체격입니다 ㅌㅌdarpa 연락주시면 바로가

겠습니다.

섹종대황 씨발년 정액 존나 모았는데 보지에 푸짐하게 싸주고 싶네 내가 조루라 넣자마자 싸고 사라질게 뭐가 왓다 갔는지도 모를거야

강철지팡이 용두동 10분안에 갑니다 우라질년 발정난 개처럼 뒤로 저쳐서 그냥 학학 박아버리겠습니다 3분컷으로다가 촬영 가능합니다 ~ ljg6780 ㅌㅌ기다리겠습니다

Eigyo 보지 진짜 이쁘게 생겼네 걸레보지는 바로바로 박아서 좆물을 얼굴에 뿌려줘야하는데 5분안에 갈수있으니까 좀만 기다려라 걸레보지야 ㅌㅌgacsan

미칠년 저씨발년을 제가 개씹을 내고 오겠습니다 맡겨만주십시요 ㅌㅌ kback

뒷치기6 개썅년 개보지년 보지 봐라 존나 탐스럽네 보빨 존나게 하고 피스톤질 미친듯이 하고 싶다 ggman77

Kdkdkdks 씨발 개 걸레같은년 얼른따먹고오고싶습니다 오분이면 갑니다 qwerttt111 꼭 부탁드려요.

복또라이 와 자궁안을 정액범벅하고 싶네요 ㅌㅌ svice23 보짓물 존나 뽑아보고싶다.

4강신화 저개씨발년을 내좆으로 박살내고 싶네요!!! 골뱅이 한번도 못해본 1인입니다… 제발 기회좀 주세요.. ㅠㅠ ㅌㅌ yosiki1681

CoolImpact 토끼라서 빠른사정 가능합니다. ㅌㅌ yellow1969 가까워요!!

smssns x털도 존나 정갈한게 진짜 존나 싸고 싶네요 보기만해도 박자마자 나올 듯 씨발보지가 ㅋㅋ 부르시면 바로 갑니다 차예열해놨어요 틱톡 tlstprvk입니다.

불끈단단 아주 빠르게 싸고 튀고 싶습니다 ㅌㅌ jam85

고스톱3807 출발대기중 ㅌㅌ skyhi04

Justink Kisjustin

발로롤로 시발년 보지털에 좆물뿌려서 미역처럼해줘야겠다 남친 보는앞
에서 다른남자 좆물 인지도 모르고 묻혀놓고 자겠지 신설동임
다! Kkhhyy11 1분만에 싸게끔 예열하고 가겠슴다드릴같은너: 한
양대역임다 빠르게 가서 빠르게 싸고 오겠습니다 ㅌㅌ star6944

섹종대황 용두동 지금 예열하고 있네요 ㅎㅎ anarchist12 ㅌㅌ

Epoca ㅈㄴ 야하게 생겼네

빠앙규 끝났나요? 톡이 안오네요 뭔가 잘못됐어요..

통통보지88 시발년 젖탱이 보소, 참젖인게 맛있게 생겼네, 시발 골뱅이되
서 다른 남자한테 당하는 것도 모르겠지? 개보지년 맛있게
따먹어줘야지. 내가 10분 안에 달려가서 좆질해준다 !!! ㅌㅌ
88zaza

임우성 전풍호텔에서 만나요

소요수랑(게시물 작성자) -----------------------------47살　형님이랑
21살 동생 불렀어요 ㅋㅋ 아쉽지만 다음주에 또 뵙
는걸로..ㅠ 같은 분은 초대 안할거니까 언젠가 기회
가 돌아오겠죠?? ㅠㅠ 저희는 주말만 만나서 항상
술먹고 뻗어 자는게 일상. 그래도 많은 관심 주셨기
에 5분 추첨하여 여친 자1위 영상 보내드립니다~
ㅌㅌ 아디 남겨 주세요

이는 2시 39분에 같은 작성자가 올린 두 번째 게시물이며, 3시 32분까지 한 시간동안 달린 댓글이다. 이후에 달린 댓글들은 생략하였다. 이 사건에서 가장 잔인한 사실은 피해 여성이 가장 믿고 의지했을 존재인 남자친구가 무작위의 가해자들에게 성적 모욕과 착취를 직접 부추기고 있다는 점이다. 댓글 속의 가해자들 또한 일말의 죄의식도 없이 성적 모욕과 착취 행위에 가담하고 있다. 자신의 여자친구를 집단 강간의 현장으로 내던지는 남자친구에 대한 도덕적, 윤리적인 지탄보다는 여성 피해자에게 조롱과 욕설이 쏟아졌다. 가해 남성은 집단 강간의 마무리를 고하며, 추가로 댓글을 다는 이들에게 성범죄 영상을 상품으로 약속한다.

가해 남성이 얼굴도 이름도 모르는 남성들에게 사회적 지위를 인정받기 위해 자신의 여자친구를 성범죄의 현장으로 내몰고 있다는 사실을 눈여겨 보라. 소라넷의 남성들 사이에서 성범죄자가 되는 것은 오명과 낙인의 대상이 아니라, 영광의 훈장처럼 여겨지는 일이다. 이 글을 적고 있는 지금 이 순간까지도, 게시물을 살펴보며 나는 구역감에 시달리고 만다. 실제로 일어나고 있는 일이라기엔 이 모든 것이 너무나 잔혹했다. 가해 남성은 왜 '사랑스런 여친님'에게 이런 짓을 벌이는 걸까? 여성은 정신을 잃은 채로, 수많은 남성들에게 강간 당한다. 피해자의 가장 믿음직스러운 파트너였어야 할 남자친구가 기획한 범죄다. 어떻게 이런 일이 벌어질 수 있는 걸까? 소라넷에서는 그간 어떤 일들이 벌어지고 있었길래, 그 수많은 남성들이 집단 강간 현장에 일말의 죄의식도 없이 참여할 수 있게 된 것인가.

메갈리아의 소라넷 모니터링 팀은 해당 사건을 실시간으로 공론화했다. 집단 강간 모의 현장을 목격한 전국에서 수많은 여성들이 이 남성들을 경찰에 신고하는 제보 전화를 걸거나 통화 내용을 녹음해 남겼다. SBS의 시사 교양 프로그램 〈그것이 알고 싶다 - 소라넷은 어떻게 괴물이 되었나 편〉에서 한 여성은 흐느끼며 간청한다.

"제발 도와주세요… 이 여자분 도와주셔야 돼요."

아래는 당시 여성들이 제공한 경찰과의 통화 내역 중 일부를 발췌한 내용들이다. 인용된 글을 보면 당시 상황의 긴박함과, 피해자를 도우려던 여성들의 극심한 좌절감을 생생하게 느낄 수 있기에 여기에 함께 기록한다. 당시 경찰의 반응은 소라넷의 집단 강간 사건이 단순히 변태적인 성적 취향을 가진 소수 남성의 특수한 문제가 아님을 짐작케 한다. 소라넷의 역사는 대한민국 남성들이 전반적으로 공유하는 성 인식에 심각한 문제가 있었기 때문에 가능했다.

신고자A: 네. 여보세요. 여보세요.
경찰3: 예, 경찰관인데요.

신고자A: 네, 왕십리인가요?

경찰3: 아뇨, 그걸 저희가 파악을 못해요. 선생님도 아시겠지만 지금 뭐야 그 정도 사항만 가지고는 저희가 위치를 파악을 못해요. (중략) 거기 댓글같은거 달면서 위치 어딘지 유도해서 확인할 수 있으면은 유도해가지고 위치를 좀 알려주셔야 될 것 같아요.

신고자A: 그런데 제가 이 소라넷 주소가 어딘지를 몰라요. 저도 트위터에서 보고 지금 신고를 한 거거든요. (이하 중략)

경찰7: 감사합니다. OO파출소입니다.

신고자B: 안녕하세요. 직급이랑 이름 원래 안 가르쳐주신다고요?

경찰7: 이런 것으로는 안 알려드립니다. 여기 오셔서 본인도 인적사항 밝히고 이렇게 하면 알려 드리는데.

신고자B: 그런데 아까 제 인적사항은 왜 물어보셨어요? 그러면.

경찰7: 이름 물어본 거 아니잖아요. 그렇지요? 본인한테. 본인이 성인인지 아닌지 소라넷에 들어갈 수 있는지 안 들어갈 수 있는지 소라넷은 성인 사이트기 때문에 본인이 아닌데 들어가서 확인한 건지 그게 궁금해서 물어본 겁니다.

신고자B: 아, 그러면 제가 일을 하는 건 왜 물어보셨어요?

경찰7: 제가 상황 설명을 우리가 경찰관 인력이 부족하다는 부분이 예를 들어 설명하기 위해서 그래 물어본 겁니다. 알바를 하고 있으면 손님들이 많이 오면은 조금 늦어질 수도 있는 부분이 있다고 그렇게 얘기하려고 그래서 물어본 겁니다.

신고자B: 아, 무슨 알바하냐고도 그래서 물어보셨고요?

경찰7: 만약에 본인이 은행원이나 뭐 편의점이나 이렇게 되면 손님이 많이 올 것 아닙니까? 그러면 손님이 조금 지체될 수도 있고 그런 부분이 있다고 그런 상황 설명을 하기 위해서 물어본 겁니다.

경찰하고 통화하고 나서 혼란온 부분⋯   2015-11-14 04:01:14

'애초에 그 글이 진짜인지 아닌지도 모르잖아요. 안 그래요?'소라넷 저게 주작일 가능성? 글쓴 쓰레기가 어디 떠돌아다니는 사진 주워다가 헷갈리게끔 낚시를 하고있을 가능성? 이런말 들으니까 그럼 어떻게 하는게 옳은지 혼란 온다⋯.

아 씨발 방금 씹치남 경찰하고 소라넷 실시간 강간모의글 통화했는데 좆같이구네   2015-11-14 03:50:00

이거 경찰서에 직접 민원 넣을 수 있냐? 계속 본인 성인이예요?무슨일해요? 알바? ㅎ 거기 못잡아요 (중략)나중에는 지도 소라넷 알고있다고 시인하는 각이 지도 소라넷 초대남 해본 놈인거 같다. 갓치들아 한국 남자 16명 중 1명이 소라넷하는데 그 중에 경찰이 없겠냐 (중략).

출처: 메갈리아

　　이 사건을 보고 여성들은 말하기 시작했다. 강간 예고와 모의를 실시간으로 목격하고, 112에 신고했음에도 불구하고 경찰은 피해자를 구하려 하지 않았다. 경찰의 안일하고 무관심한 대응은 여성들에게 엄청난 무력감과 좌절감을 안겨주었고, 대한민국의 공권력 또한 여성을 희롱하고 착취하는 남성 권력의 일부일 것이라는 불신에 시달리게 했다. 〈그것이 알고 싶다〉 편에서 경찰은 당시 사건이 너무 모호해서 수사가 어려웠다는 무성의한 답변으로 일축하고 말지만, 소라넷 문제에 조직적으로 대응하고자 꾸려진 메갈리아의 RPO^{Revenge Porn Out*} 팀에서 공개한 내용에 따르면, 단순히 사건이 어려웠기 때문에 수사가 지지부진했던 것은 아닌 듯 하다.

> "그거를 자료(의식이 없는 피해자의 알몸 사진과 동양상 등)를 받아서 검토를 해보니까 장난한 것 같아요. … 범죄 혐의는 전혀 없구요 ㅎㅎㅎㅎ."
>
> "그걸(위치를) 저희가 파악을 못해요. … 댓글로 유도해 가지고 위치를 좀 알려 주셔야 될 것 같아요."
>
> "해외사이트라서 … 신상파악이 어려워요."
>
> "3자가 발견할 땐 고발이 안 됩니다."
>
> "너무 많아서 안 돼요… 헤비업로더만 10명 씩"
>
> **출처: "왕십리 취중여성 강간 사건 경찰 녹취", DSO 디지털성범죄아웃 유튜브 채널**

경찰은 농담조로 해당 사건이 "장난"에 불과하며, "범죄혐

---

* 메갈리아에서 시작된 "소라넷 모니터링 팀"은 이후 "RPO(Revenge Porno Out)"라는 공식단체로 출범한다. 이들은 Revenge Porn이라는 명명에 문제의식을 가지고 다시 "DSO(Digital Sexual Crime Out)"로 단체명을 개명 후 활동을 이어갔다. 현재는 활동을 중단한 단체이다.

의는 전혀 없다"고 일축하는가 하면, 의식이 없는 피해자가 직접 신고해야 출동할 수 있다는 어불성설을 펼치기도 했다. 제보자일 뿐 아니라 잠재적 피해자가 될지도 모르는 여성들에게 직접 가해자와 접촉하라는 위험한 상황을 종용하기도 했다. 경찰의 지지부진한 태도와 방임을 담보로, 여성들의 희생은 계속되었다. 모니터링 팀은 밤을 지새우며 소라넷을 감시했고, 왕십리 사건과 같은 케이스들이 매일 일어나고 있으며 비슷한 내용의 게시글이 하루에 적어도 4~5건 씩 올라오고 있다는 사실을 발표했다. 여성들이 소라넷 모니터링 팀을 꾸리고, 소라넷에서 자행되고 있는 성범죄 게시물에 대한 증거자료를 남기고, 가해자에 대한 합당한 처벌과 피해자에 대한 보호조치를 요구하는 동안, 경찰은 방관적인 태도로 일관했다. 소라넷에서 자행된 성범죄에 대대적인 수사를 벌인 것은 사실상 경찰이 아니라 메갈리아의 여성들이었다.

　　소라넷의 '초대장'은 오늘도 또 다른 여성을 희생양으로 삼고 있을 것이다. 소라넷 사이트가 폐쇄되고 난 후에 대한민국은 연예인 정준영의 성착취와 성범죄 영상으로 다시 한번 떠들썩해지기 시작한다. 이후 다시 N번방 사건으로, 끔찍한 여성혐오가 아직도 한국 사회에 만연해 있음을 다시금 상기하게 된다. 소라넷과 같은 끔찍한 성폭력 문화가 아직도 남성들 사이에서 향유되고 있다는 사실을 우리는 알고 있다. 여성을 향한 극단적 형태의 폭력은, 소라넷이나 일베가 아닌, 여성혐오가 없어질 때까지 끝나지 않을 것이다. 또한 여성혐오에 대한 대한민국 사회와 정부의 진정성 있는 각성 없이는 조절되지 않을 것이다.

경찰에 전화를 걸고, 그 여성이 무사할 수 있기를 수많은 다른 여성들과 함께 간절히 기도하던 당시를 떠올려본다. 끔찍한 수준의 집단 강간이 우리 중 한 명에게 일어나고 있었다는 사실을 기억한다. 우리는 어떻게든 이런 일들을 멈추고 싶었고, 피해자를 구해내고 싶었다. 하지만 결국 어떤 일도 일어나지 않았다. 여자는 강간당했고, 남자들은 유유히 빠져나갔다. 우리는 내 일도 또 다른 누군가에게 그와 같은 일이 벌어질 것이라는 것을 아주 잘 알고 있었다.

이러한 각성을 바탕으로 자매애가 꽃을 틔웠다. 아마도 그 때 여성들은 우리가 스스로를, 서로를 지켜야 한다는 사실을 깨달았던 것 같다. 대한민국이라는 국가는 여성혐오로부터 여성을 보호할 의지가 없다는 것을 뼈저리게 느꼈다. 우리가 의지하고 믿었던 남성 동료들은 보호자가 아닌, 가해자일 가능성이 높다는 현실을 마주하게 되었다. 생존하고 살아남기 위해서는 스스로를 지킬 방법을 찾고 배워야만 했다. 메갈리아는 그런 여성들에게 자기 방어의 수단으로 떠올랐던 것이다.

2016년 DSO의 모니터링 결과에 의하면, 대부분의 경우에 디지털 성범죄의 가해자는 피해자의 남자친구(18.5%) 였다.* 가해자가 피해자와 혼인 관계에 있는 배우자인 경우가 14.1%, 아는 사이의 관계가 13.3% 였다. 그 외 가해자들은 피해자의 아버

---

* DSO 홈페이지 카드뉴스 - http://www.dsoonline.org/cardnews

지, 남동생, 오빠, 친인척 관계인 경우가 대부분이었다. 30.1%의 케이스에서는 피해자가 가해자와 어떤 관계에 있는지 특정되지 않았다. 디지털 성범죄가 지닌 가장 끔찍한 점은 대부분의 가해자가 범행 당시에 피해 여성의 두터운 신뢰를 받고 있는 친밀한 관계의 남성이라는 점이다.

단 6.5%의 가해자만이 피해자와 이전에 연인관계에 있던 남성들이다. 전체 디지털 성범죄 중 6.5%의 케이스만이 우리가 흔히 상상하는 '여성에게 매몰차게 실연 당한 불쌍한 남성의 복수'라는 뜻이다. 바로 여기서 여성들은 의문을 던지기 시작한다. 왜 디지털 성범죄는 "리벤지 포르노"라고 불리는가? "리벤지revenge"라는 단어는 가해자의 행위에 모종의 정당성을 부여하며, 가해자 시선의 단어로 피해자를 대상화한다. 뿐만 아니라, "리벤지 포르노"라는 단어는 피해자들의 몸을 포르노화 한다. RPO^{Revenge Porn Out}는 이러한 문제제기를 바탕으로 디지털 성범죄 digital sexual crime라는 새로운 언어를 제안하고 단체 이름을 DSO^{Digital Sexual Crime Out}로 변경했다.**

DSO의 여성들은 소라넷을 집중 수사했다. 그녀들 덕분에 남성들이 자신의 여자친구를 강간할 '초대남'을 모집하는 행태와, 이러한 초대 글들이 몇분 내로 생성되고 증거 인멸을 위해 다시 삭제되는 과정이 낱낱이 밝혀졌다. 온라인의 여성혐오가 여성의 몸에 얼마나 심각한 수준의 폭력을 가하고 있는지 구체적이

** DSO 홈페이지 http://www.dsoonline.org

고 적나라하게 드러났다. 소라넷의 남자들은 자신이 강간한 여성들의 몸 위에 매직으로 이름을 쓰거나, 성기에 칼과 같이 위험한 이물질을 집어 넣거나, 머리를 다 깎아버리는 등 극악무도한 폭력을 행사한 후 '인증샷'을 자랑스레 게시하곤 했다. 메갈리아는 이러한 여성혐오의 범죄성을 폭로하고, 여성들 앞에 전시한다.

소라넷의 몰래 카메라에 대해서 어렴풋이 들어보았던 여성들마저 소라넷과 여타 포르노 사이트에서 성착취물들이 실제로 얼마나 광범위하게 소비되고 있는지 알지 못했다. 메갈리아의 폭로는 몰래 카메라가 여성의 일상을 얼마나 광범위하게 침식하고 있는지 일깨워 주었다. 공중 화장실, 호텔 방, 탈의실, 도서관이나 사무실의 책상 밑, 지하철 계단, 길거리 등 여성은 어디에서도 안전하지 않았다. 여성의 몸은 어디에서나 불법촬영의 위협에 노출되어 있었으며, "포르노"로 상품화 되었다.

여성들에게 소라넷이란 곧 나의 몸이 그 어디에서도, 그 누구로부터도 안전하지 않다는 깨달음이었다. 가족들 중 누군가가 이런 사이트의 회원일지도 모른다. 당장에 남자친구가 나 몰래 내 몸을 찍을 수도 있는 일이었다. 직장이나 학교 동료들은 과연 믿어도 되는 것일까? 이들로부터 안전하게 내 몸을 지켜내고 나서라도, 공공장소에서 누군가 나를 뒤따라와 치마 속을 촬영할지도 모른다. 대부분의 디지털 성범죄 케이스는 피해자와 가까운 관계에 있는 남성에 의한 범행이다. 여성은 연인, 부모, 자식, 형제, 동기, 친구들을 포함하여, 그 누구로부터도 안전하지 않았다. 메갈리아의 디지털 성범죄 전시하기 전략은 여성들을 불안하게 만들고 공포감을 불러일으켰다. 동시에 이 사건은 여성들 사이에서 강력한 연대의 동기가 되었으며, 분노를 자극했다. 이러한 감정들이 메갈리아의 파괴적인 힘을 가져온 원동력이 되었다. 이러한 감정 역학과 그의 정치적 활용에 대해서는 다음 단원에서 좀 더 상세히 서술하기로 한다.

여성혐오 문제 제기하기Problematize

두 번째로, 메갈리아의 여성들은 "문제 제기하기problematizing"* 전략을 통해, 당연하게 여겨지던 여성혐오를 재발견해냈다. 한국 사회에서 그 동안 여성혐오는 여성들의 일상에 너무나도 만연하고 치밀하게 침투하여 결국 지극히 평범한 것으로 여겨져 왔다. 이들은 익숙하고, 시시하고, 평범한 것으로 여겨져 왔던 일상의 경험들에 집단적으로 문제를 제기하기 시작한다. 메갈리아의 여성들은 이를 "공기 같은 여혐"이라 호명하며, 일상적 여성혐오를 수면 위로 드러내고, 그 비인간성과 범죄성을 폭로하는 작업에 착수했다. 그 사례로, 여기에서는 #나는개념녀였다 프로젝트, #프로불편러 프로젝트, #여혐광고 대회, 네이버 뉴스의 댓글 정화작업, 포스트잇 프로젝트 등의 프로젝트를 살펴본다. 이러한

---

* 문제 제기하기, Problematize라는 개념은 푸코의 저서《Polemics, Politics and Problematizations - Ethics.》1997. New York: New Press에 상세히 소개되어 있다.

프로젝트들은 그 동안 공기처럼 보이지 않는 차별과 폭력을 전시하고, 문제를 제기하였다는 데에 의의가 있다.

나는 개념녀였다 프로젝트

#나는개념녀였다 프로젝트는 남성들이 재단하는 좋은 여자, 즉 개념녀의 기준에 맞추기 위해서 여성이 얼마나 스스로를 옥죄이고 불행하게 만들어 왔는지를 돌아보고 이야기를 나누자는 취지로 시작된 프로젝트였다.

#나는 개념녀였다 2등 게시글

20살 때 친구들과 술을 마시다가 취해 뻗었는데 그 중 한 새끼가 나를 자기 집으로 데려가 강간하며 사귀자고 했다. 나는 그게 강간인 줄 몰랐고 그 새끼가 나를 사랑하는 건줄 알았기 때문에 받아들였다. 그 새끼는 2시간 떨어진 곳에 살았는데 그 새끼가 보고 싶다고 하면 내가 가야 했고, 데이트 중에 돈이 없다고 나보고 사라고 하면 내가 다 사야했다. 그 새끼를 만날 때마다 섹스를 해야 했지만 '남자가 해달라는 데로 해야 사랑을 받을 수 있다'는 생각에 참았다. 여러 장소에서 보지는 물론 후장까지 노콘으로. 내가 그 새끼에게 할 수 있는 말은 '안에 싸지만 말아줘'였다. 그러나 어느날 그 새끼는 질내사정을 했고 나는 임신했다. 그 새끼는 내게 미안하다며 싹싹 빌었고 '임신의 책임은 둘 다에게 있으니 중절수술비용의 반절을 주겠다'고 '수술 때 같이 병원에 가주겠다'고 했다. 함께 병원에 가서 수술날짜를 잡았고, 집에서 '임신 초기에 섹스는 좋다'면서 중절수술에 대한 죄책감으로 발버둥치는 나를 강간했다.(후략)

이는 당시 #나는 개념녀였다 대회의 2등을 수상한 게시물이다. 여성혐오가 만연한 사회에서 여성혐오를 보지 못하는 여성들이 성폭력과 학대, 착취에 취약한 일상을 살게 되는 현실을 적나라하게 그려냈다.

천하제일 프로불편러 대회

천하제일 프로불편러 대회는 2015년 9월 22일부터 9월 30일까지 8일간 "잘못된 걸 잘못되었다고 말할 수 있는 사회"를 위하여 일상 속의 작은 차별과 여성혐오 발언들을 지적하고, 문제제기 하는 논의의 장에 여성들을 초대한 프로젝트였다. 프로불편러란 '감수성이 풍부해 정치적으로 올바르지 않은 발언이나 행동, 약자가 느끼는 차별과 억압, 불합리한 사회 통념 등에 예민하게 반응하며 문제를 제기하는 사람'을 칭한다. 프로젝트의 주최 측은 다음과 같은 취지를 밝혔다.

"지금 우리 사회는 기존 관습과 규범에 문제를 제기하는 게 굉장히 어렵게 돼 있다. 성문제 뿐 아니라 정치, 사회 등 모든 부문에서 '이건 아닌데…'라고 하면 '모난 돌' 취급 받기 십상이다. 모두들 그냥 둥글게 살라고만 한다. 하지만 작고 하찮더라도 잘못된 것은 잘못됐다고 지적해야 좀 더 나은 세상이 되지 않겠는가."*

이는 당시, 차별을 지적하고 문제를 제기하는 여성들을 일컬어 작은 일 하나하나에 불편을 호소하는 "프로불편러"라는 오명을 남성들이 붙이기 시작한 것에 저항하고자 제안된 프로젝트이기도 했다.

트위터 1등 수상작

회사생활하던 시절 남직원들은 늘 야근을 하는데 디자인팀 여직원들은 늘 정시에 퇴근을 했다. 남자들은 이것을 '여자들 다니기 좋은 직장'이라며 비꼬았다. 야근이 싫으면 야근을 시킨 사장놈을 미워할 일이지 왜 그 분노의 대상이 여직원이 되는가?

페이스북 1등 수상작

전 애기아빠인데 똥기저귀 치우는 걸 보고 대단하다고 칭찬하는 사람들이 불편합니다. 엄마가 하면 당연한 일인데 쟤가 하면 왜 칭찬받을 일이죠?! #프로불편러 #나는프로불편러입니다

출처: 메갈리아

천하제일 여험광고 대회

---

* 유명한 "그냥 둥글게 살라고? '모난 돌' 취급받아도 잘못 지적해야 세상이 바뀐다" 중앙일보 2015.10.10

2015년 8월 9일부터 14일까지 개최되었던 천하제일 여혐 광고 대회는 대중 미디어에 스며들어 있는 여성혐오를 밝혀 내자는 취지의 프로젝트로, 여성혐오적인 광고 카피와 해당 광고가 성차별적인 이유를 꼬집어낸다.[**]

1위: 보건복지부의 광고 카피
다 맡기더라도 피임까지 맡기지는 마세요

(광고 이미지: 남성의 팔장을 끼고 있는 여성과, 그 여성의 가방과 쇼핑백 등을 들고 있는 남성)

선정 이유 : 여자는 남자에게 모든 것을 맡기며 의지하고 있다는걸 전제로 깔고 있으며, 피임이 남자 혹은 여자만의 의무가 아니라고 작게 써놓았지만 커다란 문구와 여자가 뒤돌아보는 모습 등 여성에게 말하는 광고라고 느껴짐. 보건복지부 피임광고는 공익광고라서 더 문제가 된다고 생각함.

2위: 새마을금고의 광고 카피

남편한테 아침밥 안 챙겨주는 여자 접어! 가계부 적자내는 여자 접어!
선정 이유:여자는 맞벌이하면서 집안일도 하고 애도 키우고 아침밥도 차려줘야하는 프레임을 씌우고 있음. 여자의 역할을 정형화, 즉 '여자는 집안일만 잘하면 돼'라는 고정관념이 녹아들어있음.

3위: 공차의 광고 카피

[**] 최철 "'여성혐오 광고', 어떻게 생각하세요?" 노컷뉴스 2015.08.20

영화용 친구, 식사용 오빠, 수다용 동생, 쇼핑용 친구, 음주용 오빠!어장관리? 아니 메시급 멀티플레이!기분 따라 다르게 즐겨라. 맛있는 버라이어Tea, 공차

선정 이유:여성들을 타겟팅한 광고임에도 불구하고 여성들을 속칭 '꽃뱀'으로 규정짓고 있음. 이런 광고에 여성들이 공감한다고 생각하는 발상 자체가 얼마나 여성 인권이 바닥을 치는지 보여주는 사례임.

출처: 메갈리아

"나는 개념녀였다" 프로젝트가 여성 개개인의 일상을 침범하는 내밀하고 사적인 형태의 여성혐오를 드러내고 폭로하고 있다면, 천하제일 프로불편러 대회와 천하제일 여혐광고 대회는 더 나아가 한국 사회의 여성혐오 문화와 구조적 차별을 끄집어내고, 전시하는 데에 일조했다고 볼 수 있겠다.

네이버 뉴스 댓글 정화 작업

2015년 8월경부터 메갈리아는 네이버 뉴스의 댓글 정화 작업 프로젝트를 시작한다. 이는 매번 여성 문제와는 아무 관련이 없는 기사에 한국 여성들을 탓하거나 성희롱 댓글을 다는 남성들에 반발해 시작된 프로젝트였다. 메갈리아의 여성들은 네이버 뉴스 기사에 여성혐오적인 댓글들을 그대로 빼닮은 미러링 댓글을 달았다. 미러링 댓글들을 댓글창의 상단에 띄우기 위해(좋아요를 많이 받은 댓글은 댓글 창 상위에 놓이게 된다), 밤을 세워가며 서로 좋아요를 눌러주는 활동이 '네이버 뉴스 댓글 정화작업'이었다.

네이버 댓글 예시

- 날씨가 오락가락 하는 것이 한남충 마음같네요. 내 아내는 맞벌이 해야하고 애도 봐야 하지만, 회사 여자 동료가 아이 때문에 일찍 퇴근하면 이기적인 년이지요?ㅋㅋㅋㅋㅋㅋ
- 날씨가 문제일까요? 쏟아져나오는 한남들의 살인 강간 중범죄들. 여자는 살아남는게 목표가 되었네요.
- 한국에 애비충들이 버린 코피노 3만 명이 파파를 찾고 있습니다. 도움을 주세요.
- 오늘 낮에 덥다는 소식에 몰카충들이 밖으로 나갈 채비 하는 소리가 들리네요. 다들 몰카 조심하세요. 작년 한해 몰카 범죄 드러난 것만 7,000건입니다.

포스트잇 프로젝트

포스트잇 프로젝트는 메갈리아의 여성운동이 온라인 바깥으로 그 영역을 확장하기 시작한 기점이다. 이 프로젝트는 호전적인 온라인 문법에 익숙하지 않은 여성들도 거부감 없이 받아들일 수 있을 만한 온건한 방식으로 메갈리아의 메시지를 전하고자 기획된 프로젝트였다. 《근본없는 페미니즘-메갈리아부터 워마드까지》(이하 《근본없는 페미니즘》)의 '타임라인'에 의하면 2015년 10월 25일, 한 익명 유저가 여자 화장실에 여성주의 문구를 적은 포스트잇을 붙여 두자고 제안한다. 여자 화장실에 붙여진 짧은 문구들은 온라인 플랫폼에 익숙하지 않은 여성들도 공감할 수 있을 것이라는 생각이었다. 프로젝트는 빠르게 유저들의 호응을 얻었고, 공중 화장실 뿐만 아니라 엘리베이터, 카페, 도서

관 벽 등에도 포스트잇이 붙기 시작했다. 메갈리아의 여성들은 자신이 붙인 포스트잇의 사진을 찍어 메갈리아에 릴레이 인증하는 방식으로 프로젝트를 이어 나갔다. 다음은 메갈리아에 게시된 포스트잇 문구들이다.

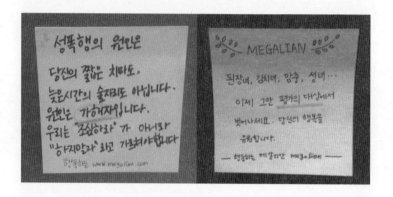

당신은 남자친구의 성욕에 응해줄 의무가 전혀 없습니다. 미안해하지 마세요.

"몸가짐을 조심했어야지?" 성폭행 가해자가 없으면 피해자도 없습니다.

몰래카메라. 찍는 것도 보는 것도 범죄입니다. 몰래카메라 범죄 근절을 위해 여러분의 힘이 필요합니다.

모든 여성은 아름답다? 아름답지 않아도 당신은 존중받을 권리가 있습니다.

된장녀? 내 라이프스타일을 내가 결정하는데 왜 죄책감을 가져야 하나요?

"남자는 원래…" 남자의 본능으로 정당화되는 것은 아무것도 없습니다.

子궁? 당신의 자궁은 남자만 품는 곳입니까?

우리는 성폭력에 대해 교육할 때 "안돼요!", "싫어요!"가 아니라 "하지마!"라고 가르쳐야 합니다

성폭행의 원인은 당신의 짧은 치마도, 늦은 시간의 술자리도 아닙니다. 원인은 가해자 입니다. 우리는 "조심하라"가 아니라 "하지말라" 고 가르쳐야 합니다.

된장녀, 김치녀, 맘충, 성녀 … 이제 그만 평가의 대상에서 벗어나세요. 당신의 행복을 응원합니다.

여자의 임금은 남자의 64.6%. 당신은 여자란 이유로 오후 3시부터 무임근무 하셨습니다.

폐경이 아니라 '완경' 입니다. 수십 년간 수고해 온 당신의 자궁에게 고마웠다고 말해주세요.

독박육아로 힘든 당신에게 사회에서 돌아온 단어는 무엇입니까? 바로 '맘충'이었습니다. 육아= 엄마만의 일 인가요?

여교사, 여의사, 여경, … 은 익숙한데, 남교사, 남의사, 남경, …은 어색하다면?

출처: 메갈리아

메갈리아의 여성들은 더 많은 여성들에게 가 닿을 수 있는 메시지를 고안하기 위해 노력했다. 그간 쌓아 올린 여성혐오 데이터를 바탕으로, 보다 조심스러운 방식으로 여성혐오를 드러내고 전시할 수 있는 방안을 고민했다. 모두가 함께 아이디어를 내

고, 각자의 언어로 포스트잇을 적어 붙이자고 독려했다. 포스트 잇의 메시지는 메갈리아 특유의 거칠고, 전투적인 문법에 익숙하지 않은 여성들과 페미니즘을 전혀 모르는 여성들에게도 쉽고 거부감 없이 다가갈 수 있도록 특별히 공을 들여 만들어졌다. 메갈리아의 저속하고 공격적인 말씨는 의도적으로 지우고, 특유의 거침없고 도전적인 어감을 누그러뜨렸다.

　포스트잇의 문구들은 어려운 이데올로기나, 이론, 철학, 정책과 같은 추상적인 이야기가 아닌, 여느 여성들이 겪는 평범하고 일상적인 경험을 이야기했다. 대부분의 포스트잇에는 "페미니즘"이나 "여성혐오"라는 단어 조차 들어가지 않았다. 대신 이 문구들은 독박육아로 고생하는 여성들을 다독이고, "꽃뱀" 혹은 "걸레"라며 비난 받는 성폭력 피해자들을 위로하고 불법촬영범죄에 대한 여성들의 불안에 공감했다. 사소하고, 불확실하지만, 어딘가 모르게 불편하고 불안한 여성혐오의 순간들은, 대한민국의 모든 여성들이 공감할 수 있는 주제였다. 조심스럽게 포착된 공감의 순간들이 포스트잇의 문구로 담겼다. 이 메시지들은 평범하고 별 일 아닌 것으로 치부되던 여성혐오에 스포트라이트를 비추고, 그 안의 폭력과 차별을 다시 돌아볼 것을 제안한다.

　메갈리아의 여성들은, 폭력적이고 과격한 여성혐오의 문법에 익숙해진 온라인 상에서는 미러링 전략이 파격적인 효과를 보이는 반면, 디지털 언어에 익숙하지 않은 이들에게는 오히려 거부감만 불러 일으킬 수 있다는 점을 정확히 간파하고 있었다.

메갈리아의 언어에서 저속함과 과격함을 벗겨내고, 핵심 가치만을 남겨 메시지를 작성했다. 메시지는 결국 "여성혐오는 어디에나 있고, 그것이 여성들의 일상을 희생시키고 있다"라는 것이었다. 메갈리아는, 이렇듯 보이지 않게 여성들의 삶을 옥죄고 통제하는 여성혐오를 "코르셋"이라고 호명해낸다.

《근본없는 페미니즘》의 '부록-단어 사전'에 의하면, 코르셋이란 "여성에게 차별적으로 요구되는 각종 의무, 그리고 여성혐오나 차별에 익숙해져 억압에 순응하는 상태, 또는 그러한 상태인 여성을 이르는 말. 화장, 다이어트, 성형 등과 같은 것을 외모코르셋이라 하며, 여성은 언제나 친절하고 상냥해야 하며 예의와 도리, 규칙을 지켜야 한다고 여기는 것을 도덕코르셋이라고 한다. 이러한 여성 억압에서 벗어나는 행위를 '코르셋을 벗다'라고 표현한다" 라고 정의하고 있다.

메갈리아 초기 프로젝트 대부분이 위와 같이 여성들의 삶을 길들이고, 통제하는 코르셋을 발견하고 문제시하는 데에 집중한다. 이러한 프로젝트들은 여성들이 함께 여성혐오에 대한 경험의 네러티브를 만들어 나가고 공유할 수 있도록 독려하였다. 프로젝트의 핵심은 몇 줄 짜리로 이루어진 결과물 텍스트에 있는 것이 아니다. 많은 여성들이 참여하여 함께 고민하고, 문제제기하고 의논하던 과정에 그 의의가 있다. 메갈리아에 의해 가시화된 방대한 양의 여성혐오는 한국 여성들을 효과적으로 모집했다.

메갈리아는 여성들의 일상을 치밀하게 공략하는 장대한 여성혐오를 드러냈다. 여성혐오는 오랫동안 존재해왔지만, 이것을 문제로 인식하게 되는 것은 여성들에게 낯선 일이었다. 우리가 알던 세상은 근본적으로 달라졌고, 일상의 모든 순간에서 여성혐오를 발견하고 맞닥뜨리게 되는 경험을 하기 시작했다. 여성혐오에 눈을 뜬 여성들은 예전으로 돌아갈 수 없다는 사실을 깨닫게 되었다.

여성혐오 재전유하기 Re-appropriation

여기에서는 주디스 버틀러가 소개한 '언어적 자주성 Linguistic Agency'이라는 개념을 빌려온다. 주디스 버틀러는 혐오발언을 전략적으로 차용해 해당 언어의 의미와 맥락을 재구성할 수 있다고 믿었다. 혐오발언으로 사용되는 단어를 가져와 의도적으로 다른 맥락에 사용하고, 다른 의미를 부여해 원래의 비하적인 의도로부터 단어를 분리할 수 있다는 것이다. 예를 들면, '퀴어 queer 이상한'라는 표현은 처음에는 성소수자들을 비하하기 위해 사용된 단어였으나, 당사자들이 해당 발언을 낚아채 오히려 성소수자성을 축하하고 긍지를 드러내는 의미로 전환된 사례가 그것이다. 메갈리아의 경우에는 오랫동안 여성혐오 표현으로 사용되던 김치녀라는 단어를 가져와 긍정적인 의미로 재해석하고, 이를 발전시켜 스스로를 '갓치'라고 부르게 된 것이 그 대표적인 예라고 할 수 있다.

다음은 언어적 자주성으로 김치녀를 재구성한 예시다.

흔히 김치녀로 호명되던 여성들의 이미지

명품 옷과 명품 가방을 좋아하며,(밥보다 비싼) 스타벅스 커피 등을 마시며 사치를 즐긴다. 성형이나 비싼 화장품 등으로 외모를 꾸미는 데 공을 들이며, 해외 여행을 많이 다니고, 돈 많은 남자 혹은 외국인 남성을 밝힌다.

김치녀	갓치
김치녀에 대한 묘사를 종합하면 개멋지다. 멋진 옷입고 멋진 가방들고 커피를 즐기며 자기관리나 여행에 돈을 쓰며 키크고 외제차 타고다니는 외국인 남성을 사귄다.	메갈리아나 워마드 등지에서 "여성혐오를 위한 개념녀 만들기에 굴하지 않고, 주체적으로 멋지고 당당하게 행동하는 여성"을 뜻하며 쓰이기 시작한 말. 남성들이 주체적 여성을 비하하며 지칭할 때 사용하던 '김치(녀)'에, 온라인 상에서 '신'이라는 의미를 넘어 '능가하는, 비범한'의 뜻으로 쓰이는 '갓^{God}'을 붙여 갓치가 되었다.(후략)

출처: 페미위키

메갈리아의 여성들은 본래 여성혐오적 의도를 가지고 사용되던 김치녀라는 단어를 가져와 '갓^{God}'이라는 접두사를 붙여 스스로를 '갓치'라고 부르기 시작했다. 이러한 방식으로 이들은 김치녀라는 단어를 사상이 깨어 있고, 경제적 자유와 능력이 있으며, 자신의 의사나 욕구를 표현하는 것을 두려워하지 않는 여성이라는 의미로 재전유 해냈다.

여성혐오 되돌려주기Reciprocate

이제부터는 주디스 버틀러와 같은 여성학자들에 의해 아직 다루어지지 않은 새로운 형태의 언어적 저항, 즉 미러링 전략에 대해서 말하고자 한다. 메갈리아의 여성들은 주디스 버틀러가 주장했던 것처럼 언어권력을 탈환하여 언어적 자주성Linguistic Agency을 선언하고, 성공적으로 여성혐오적 표현들을 재전유 한다. 이들은 김치녀와 같은 여성혐오 발화에 다른 의미를 붙여 새로운 맥락에 사용해 기존의 여성혐오적 효과를 무마시켰다.

그러나 우리가 메갈리아의 활동에 주목해야 하는 이유는 이들이 여기에서 한 발짝 더 나아갔기 때문이었다. 그녀들은 독창적인 방식으로 혐오발언에 대응하기 시작했다. 혐오발언을 "되돌려주기Reciprocate" 시작한 것이다. 메갈리아는 여성혐오 발언들을 거꾸로 뒤집어 남성들과 똑같은 방식으로 되돌려 주었다. 여성혐오 발화를 그대로 비추어 혐오 발화를 남성들에게 되돌려주는 작업을 그들은 미러링이라고 불렀다. 무차별적 혐오발언의 수신자가 되어 버린 남성들은 여성혐오의 부조리, 모순, 부도덕성, 비윤리성과 폭력성을 스스로 폭로해 버리고 만다. 여기에서 나는 메갈리아가 세 가지 다른 의미적 역전을 통해 여성혐오 발언을 되돌려 주는 방식을 분석한다. 이는 방향성^{direction}, 속성^{quality}, 그리고 도덕성^{morality}의 역전이다.

혐오발언 의미의 역전을 통한 되돌려주기

1) 방향성의 역전

원본 여성혐오 발언	미러링 스피치
김치녀	김치남, 한남충
여자는 자고로 부엌에 있어야 한다	남자야말로 부엌에 있어야 한다
남자는 순결한 여성을 좋아한다	여자도 순결한 남성을 좋아한다
여자는 남자에게 강간당하지 않도록 조심해야 한다	남자는 여자를 강간하지 않도록 조심해야 한다
생리해? 왜 이렇게 예민해?	몽정했니? 왜 이렇게 예민해?
여성의 몸은 생명을 잉태할 몸이므로 몸가짐을 조심히 해야 한다	남성의 몸 또한 생명을 잉태하는 정자를 담은 몸이므로 몸가짐을 조심히 해야 한다
여성의 몸에 대한 성적 대상화 (핑보/갈보)	남성의 몸에 대한 성적 대상화 (핑좆/갈좆)
여성의 몸에 대한 폭력적 언어: 보전깨(보지에 전구를 넣고 깨다) 삼일한(여자는 삼일에 한 번 패야 한다)	남성의 몸에 대한 폭력적 언어: 요샤깨(요도에 샤프심을 넣고 깨다) 숨쉴한(한국남자는 숨 쉴 때마다 때려야 한다)

방향성의 역전 전략은 여성혐오 발언에서 여성과 남성의

역할을 바꿈으로써 이루어졌다. 여성혐오 발언이 여성들을 "김치녀"라 호명하면, 방향만 바꾸어 남성들을 다시 "김치남"으로 호명하는 식이다. 미러링 스피치는 손쉽게 원본 여성혐오 발언의 비상식성과 비도덕성, 그리고 폭력성을 드러낸다. 메갈리아의 여성들은 "직장에서 여성들도 남성과 같은 기회를 가져야 한다"나 "성적 순결성이라는 가치로 여성을 재단하면 안된다"라는 등의 논리적 반박을 멈추고, 남성이 집안일을 하는 세상, 여자들이 동정인 남자를 선호하는 가상의 현실을 만들어낸다. 이러한 상상력은 남성들로 하여금 그러한 차별 속에 산다는 것이 어떤 일인지 역지사지로 느껴 볼 기회를 제공했다.

한국 사회에서 여성의 몸에 대한 성적 대상화는 뿌리 깊은 역사이다. 여성들의 신체는 부위별로 해부 되어 집요하게 품평 당했다. 이에 대한 되돌려주기[Reciprocate] 전략으로, 메갈리아의 여성들은 성적대상화의 대상을 남성으로 바꾸어 되돌려 준다. 예를 들어, '갈보'라는 말은 '갈색 보지'의 줄임말로, 외음부의 색이 어두운 여성들은 성 경험이 많을 것이라는 편견을 드러내는 은어이다. 이에 여성들은 해당 표현들을 미러링한 '갈좆(갈색 좆:남성 성기)'과 '핑좆(핑크색 좆)'이라는 용어를 만들어 여성혐오를 그대로 되돌려주는 전략을 채택했다*.

미러링 전략은 여성혐오 발화가 여성의 신체에 가한 모욕과 폭력을 재현해 되돌려준다. 여성혐오는 끊임없이 여성의 몸

---

* 페미위키 〈https://femiwiki.com/w/갈보(줄임말)〉

을 침해하고 훼손하는 이미지들을 만들어 냈다. '보전깨'와 '삼일한'이라는 단어는 여성혐오의 폭력성을 드러내는 대표적인 단어(은어)다. 여성의 성기에 전구를 넣고 깨겠다는 의미를 담고 있는 '보전깨'라는 단어와 북어와 여자는 삼일에 한번씩 패야 한다는 오래된 속담에서 나온 '삼일한'이라는 단어는, 여성의 몸에 대한 파괴 욕구가 한국 사회에 얼마나 심각한 정도로 내재되어 있는지를 체감하게 한다. 이러한 끔찍한 여성혐오를 되돌려 주고자, 메갈리아는 남성의 몸에 비슷한 손상을 입히는 표현을 상상해낸다. 여기서 나온 단어가 남성 성기에 샤프심을 넣고 깬다는 의미인 '요샤깨'와, 한국 남성은 숨 쉴 때마다 맞아야 한다는 의미의 '숨쉴한'이다. 메갈리아의 여성들은, 여성혐오 발언의 영향력을 무력화하는 것을 넘어서서 여성혐오가 여성에게 가해온 폭력을 재현하여 감히 남성들에게 되돌려주고자 한다. 이러한 미러링 전략은 여성들이 혐오 발화로부터 스스로를 효과적으로 방어할 수 있게 한다.

· 상황1

남: 너 꼴페미냐? 얼굴도 못 생긴 게 ㅉㅉ 몸무게도 150은 되겠네. 남자한테 사랑 못 받는 불쌍한 년 ㅋㅋㅋ

여: 성희롱 지적하면 페미니스트야? 내 얼굴이나 매력이랑 내 말 내용이랑 무슨 상관이야?

남: 돼지 맞네 맞어~ 꼭 못생긴 것들이 열등감에 쩔어서~ 살이나 빼고 와라ㅋㅋㅋㅋㅋㅋㅋ

남: 너 꼴페미냐? 얼굴도 못 생긴 게 ㅉㅉ 몸무게도 150은 되겠네. 남자
    한테 사랑 못 받는 불쌍한 년 ㅋㅋㅋ

여: 너 씹치구나? 니 얼굴이 더 빻았구만 누구한테 품평이야. 너 번식탈
    락 각ㅋㅋㅋㅋㅋㅋㅋㅋ

남: !??

출처: 메갈리아

현실에서 "좆이 작아서 안 들려" 해봤다.   2015-11-16 16:42:39

(선략) 근데 그 씹치새끼가 갑자기 선을 넘어서 내 친구한테 "네 가
슴 사이즈니까 남친이 그렇게 구는거지ㅋㅋ"라고 하는거임 ㅋㅋ
(중략) …
"어? 뭐라고? 좆이 작아서 안 들려"라고 메밍아웃함ㅋㅋㅋㅋㅋㅋㅋ
씹치새끼 어안 벙벙한 표정으로 갑자기 "야 너 그거 성추행인거 모르
냐. 존나 어이 없네"라고 하길래 "방금 니가 한 건 성추행이 아니냐 씹치
새끼야? 혹시 좆만 작은게 아니라 뇌도 작니?"라고 소리 질러줌ㅋㅋㅋ
여자라서 참느니 뭐니 계속 좆거리길래 "좀 크게 말해! 좆이 작아서 안
들려!"라고 더 크게 말함
지 혼자 가고 나머지 동창들끼리 술 마심 (후략)

출처: 메갈리아 저장소 〈https://archive.md/qp5iI〉

2) 속성의 역전

여성혐오는 수동성, 오염, 불결함, 의존성, 실패, 무능력과

원본 여성혐오 발언	미러링 발언	역전되는 속성
삽입 섹스 penetrative sex	흡입 섹스 suction sex	성관계에서의 수동성
먹버(먹다 버려진) 당한 여자	먹버 하는 여자	성관계에 의한 오염
상폐녀 (상장 폐지 당한 여성)	번탈남 (번식 탈락 당한 남자)	연애시장에서의 실패
김여사	김아재	운전 능력의 미숙함
맘충	밥줘충	사회적 무능력함으로 인해 생존을 위해 상대방의 노동력에 의존

같은 부정적인 속성들을 여성성과 결부시킨다. 메갈리아의 미러링은 이러한 속성을 여성성에서 분리하여, 남성성에 재부착을 시도한다.

'삽입 섹스'라는 말은 문제시^{problematize} 되었다. 성관계 시 여성의 역할을 삽입을 당하는 수동적인 존재로 제한하기 때문이다. 남성에게 삽입 당하는 수동적인 관계에서 여성의 몸은 연약하고, 남성의 성욕에 의해 손쉽게 침략 당하고 마는 존재로 그려진다. 이에 메갈리아의 여성들은 '흡입 섹스'라는 단어를 제안해, 성관계에서 남성의 성기를 주체적으로 취하는 여성의 이미지를 그려낸다. 이런 상상력 속에서 여성은 남성의 페니스에 의해 삽입 당하는 수동적 존재가 아닌, 능동적으로 페니스를 흡입하고자 하는 주체로 재탄생한다.

마찬가지로 '먹버(먹다 버려진)' 당한 여자라는 표현은 여성의 몸을 남성과의 성관계에 의해 오염되는 존재로 묘사한다. 메갈리아는 성관계로 인해 오염되는 것은 사실 여성의 몸이 아니라 남성의 몸이며, 여성이 오히려 남성의 몸을 오염시킬 권력을 가진다고 선언해 버린다. 이들은 여성의 성기는 입이고, 남성의 성기는 반쯤 먹혀진 바나나라는 비유를 제안하여, 여성이 오히려 남성을 먹버할 수 있는 권력을 가진 능동적인 존재인 것으로 재해석 한다. 이러한 이미지는 원본 여성혐오 문법의 신뢰도를 떨어뜨린다. 속성의 역전은 현존하는 권력 역학을 뒤집어 보여 줄 뿐만 아니라, 굳건하게 존재하는 여성혐오의 믿음 체계 자체를 무너뜨린다.

'상폐녀'와 '김여사' 그리고 '맘충'과 같은 표현들은 여성을 무능하고 미숙하여 사회에 피해를 주며, 남성에게 의존하지 않고는 생존하지 못하는 존재로 그려낸다. '상폐녀'라는 단어는 20대 후반 이후에 결혼을 하지 않은 여성을 두고 남성에게 선택받지 못했기 때문에 실패한 주식과 같은 존재인 것으로 단정 짓는다. 이에 메갈리아의 여성들은 '번탈남'이라는 단어로 연애 시장에서 실패한 남성들을 호명해낸다. 번탈남이란 '번식 경쟁에서 탈락한 남자'의 준말이다.

김여사라는 표현은 여성 운전자를 미숙한 운전 실력으로 도로 위 안전에 위협을 끼치는 존재로 묘사한다. 메갈리아의 여성들은 김여사에 상응하는 '김아재'라는 표현을 만들어, 여성이 운전 능력에 미숙할 수 있는 반면, 남성의 경우 더 위험하게 운전하는 경우가 많다는 주장을 펼친다. 위험천만하게 운전하는 남성들의 존재를 호명하면서 메갈리아는 여성 운전자의 존재가 안전을 위협한다는 통념에 의문을 던졌다.

맘충은 게으르고, 책임감이 부족한 한국의 기혼 여성들을 이르는 말로, 육아에 소홀하고 미숙하여 아이들을 잘 돌보지 못하고 공공장소에서 폐를 끼치는 젊은 어머니들을 비하하는 표현으로 사용되기 시작했다. 그 의미는 점차 확대되어, 집안일과 육아를 소홀히 하는 여성, 남편의 아침상을 차려주지 않는 여성, 남편이 출근해 있는 동안 커피숍에서 친구들과 시간을 보내는 전업 주부 여성 등을 비하 하는 데에도 사용되고 있다. 맘충이라는 표현은 여성을 남성에게 경제적으로 의존하며, 자신의 역할을 소홀히 한 채, 타인에게 피해만 주는 존재인 것으로 그려낸다. 이에 메갈리아의 여성들은 가정에서 여성에게 모든 가사와 육아의 의무를 떠맡긴 채, 가장으로써 역할을 모른 체 하는 남성들의 모습을 상기시켜냈다. 메갈리아에 의하면 오히려 남자들이 요리, 청소, 빨래, 육아, 부모에 대한 봉양 등 일상의 모든 측면에서 여성의 노동력에 기생하고 있다. 아이를 내팽개치고 카페에서 노닥거리는 여성의 모습은 대개 남성의 상상력에 의존한 이미지였던 반면에, 소파에 누워 "밥 줘"라고 외치는 아버지의 모습, 학교에 다녀온 남자 형제가 "밥 줘"라고 떼를 쓰는 모습, 직장에서 퇴근한 남성 배우자가 습관적으로 "밥 줘"라고 요구하는 모습은 전 연령대 여성들의 일상 속에서 어렵지 않게 기억해 낼 수 있는 장면들이다. '밥줘충'이라는 단어는 이렇게 여성들의 경험과 강력하게 공명하면서 탄생했다.

메갈리아의 담론은 여성의 부정적인 속성으로 여겨져 오던 수동성, 오염, 미숙함, 무능력과 의존성 등의 특징을 남성의 것으로 역전해낸다. 메갈리아의 미러링 발화는 여성들의 기억을 착실하게 재현하고 그들의 실제 경험과 공명하며, 메갈리아의 주장을 더욱 강력하게 뒷받침했다. 메갈리아의 미러링은 여성혐오 발화를 재맥락화하여, 부정적인 속성들을 여성에게 부여하는 혐오적인 의도를 뒤집어 되돌려 준다.

3) 도덕성의 역전

여성혐오가 만연한 사회의 도덕은 언제나 피해자인 여성을 호명하고 이들의 책임과 죄를 물었다. 가해 당사자인 남성은 피해자 뒤에 숨어 너무도 쉽게 도덕적 비난에서 벗어나고, 면책할 수 있었다. 성폭력은 조심하지 않은 여성의 책임, 임신중절은 생명을 경시한 여성의 죄악, 성매매는 몸을 이용하여 쉽게 돈을 벌고자 하는 여성의 문제, 가정 내의 문제는 언제나 자신의 의무와 역할을 다하지 못한 여성의 탓인 것으로 환원되었다. 여성혐오

원본	미러링
강간 당하지 않도록 조심하라	강간하지 않도록 조심하라
낙태충	싸튀충
창녀	창놈
맘충	애비충, 독박육아
시집살이, 고부갈등	대리효도
여성은 감정적이다	남성은 폭력적이다

사회의 도덕과 윤리에 관한 문제는 이 책의 마지막 단원에서 좀
더 심도 있게 다루고 있다. 여기에서는 메갈리아가 어떻게 여성
혐오적인 도덕을 폭로하였는가를 살펴본다. 다음으로는 여성들
에게만 과중하게 부담되던 도덕적 책무를 역전시켜 남성들에게
되돌려주는 미러링 발화의 기전을 분석해본다.

한국 사회는 고집스럽게 피해자들에게 성폭력의 책임을 물
었다. 성폭력 가해자들에게 죄를 묻기 이전에, 피해자인 여성들
에게 어떤 옷을 입었는지, 왜 밤 늦은 시간에 거기에 있었는지,
술은 얼마나 마셨는지, 남성에게 호감이 있지는 않았는지, 왜 좀
더 강력하게(죽음의 위험을 무릅쓰고라도) 거부하지 않았는지, 조금
이라도 성폭력의 과정을 즐기지는 않았는지, 여성에게 아주 조금
이라도 유책 사유가 있지는 않은지 면밀히 조사한다.

메갈리아의 여성들은 강간의 원인이 언제나 강간범인 남
성에게 있음을 강조한다. 미국의 코미디언인 사라 실버만[Sarah

Silverman이 트위터를 통해 유행시킨 "10가지 강간을 예방하는 방법"이라는 제목의 유머를 번역한 슬로우 뉴스의 기사를 보자.*기사는 남성들에게 강간을 예방하기 위한 방법으로 여성이 마시는 음료에 약을 타지 말고, 혼자 걸어가는 여성을 보면 그냥 내버려 두라고 조언한다. 엘리베이터에 동승한 여성이 있다면 강간하지 말고, 잠들어 있는 여성은 강간하지 않고 그냥 내버려 두는 것이 가장 안전한 행동이라고 전한다. 안전망으로 친구나 호루라기 등을 활용할 것을 조언하기도 한다. 다른 여성을 강간하고자 하는 마음이 든다면, 같이 있는 친구에게 멈추어 달라고 부탁하거나, 호루라기를 불어 누군가 강간을 멈출 수 있도록 도움을 청하라는 것이다. 도덕적 책임을 역전시켜 남성에게 되돌리는 이러한 방식의 미러링은 성폭력의 유책이 더 조심하지 않은 여성, 밤 늦게 돌아다닌 여성, 잠든 여성, 혼자 다니는 여성 등에 있지 않고 언제나 가해자인 남성에게 있음을 강조한다.

그간 "낙태충"이라는 단어는 임신중절을 경험한 여성에게만 '몸을 쉽게 놀린' 죄, 잉태된 생명에 책임을 지지 못한 죄를 물었다. 하지만 이러한 언어는 함께 성관계한 남성, 임신과 육아에 대한 책임을 함께 져야할 상대 남성의 부재를 지적하지 않는다. 이에 메갈리아의 여성들은 "싸튀충(싸고 튀는 남성들을 일컫는 속칭)"이라는 단어를 만들어, 숨겨져 있던 남성의 존재를 호명해

---

* 황대리 "당신이 강간범이 되지 않기 위해 지켜야 할 50계명" 슬로우뉴스. 2015.06.17

내고 이들의 도덕적 책무는 무엇인지 되물었다.

'창녀'라는 단어를 미러링 한 '창놈'이라는 단어 역시, 전통적으로 여성에게만 지워지던 성 산업의 도덕적 책임을 남성에게 되묻는다는 점에서 의의가 있다. 창녀라는 단어는 성매매 산업에서 남성 구매자들의 존재를 지우고 오로지 여성에게만 오롯이 성 판매의 책임이 있는 것처럼 묘사했던 반면, 창놈이라는 호명은 성을 구매하는 남성 성매수자가 있기 때문에 성매매 산업이 유지될 수 있다는 사실을 재확인한다. 메갈리아의 여성들은 성매매 산업에 도덕적으로 문제가 있다면, 성을 판매하는 여성 뿐만 아니라 구매자인 남성에게도 같은 도덕적 잣대를 부과할 것을 요구한다.

'맘충'이라는 단어는 가사와 육아 현장에서 여성의 무능함과 무책임을 힐난한다. 여기에 메갈리아는 '독박육아'라는 표현을 통해 가사와 육아의 의무와 책임이 여성에게만 부과되었던 현실을 꼬집어내며, 육아 현장에서 여성이 아이들과 씨름하고 있는 동안 아버지들은 어디에 있었는지 되묻는다. '애비충'이라는 단어를 통해 여성들은 방관자적인 태도를 보이거나, 폭력적인 언행과 행동을 일삼던 아버지들을 떠올렸다. '대리효도'라는 용어는 자신의 부모를 봉양할 의무 조차 여성들에게 떠넘기는 남성들의 도덕적 방임을 강조한다. '시집살이'라는 단어는 남편의 부모에 대한 봉양의 의무가 처음부터 여성에게 있었던 것처럼 묘사하고, '고부갈등'이라는 표현은 여성이 그러한 책무를 게을리 했기 때문에 가정 내에 불화가 생기는 것으로 단정 짓게 한다. 이에 메갈리아는 대리효도라는 단어를 제안하여, 시부모에 대한 봉양의 책임은 남성 자신에게 있음을 다시금 상기한다. 미러링 발화는 이처럼 여성에게만 지워지는 도덕적 의무에 의문을 제기하고 남성들의 도덕적 방임을 지적한다. 이와 같은 방식으로 메갈리아는 여성들에게만 부당하게 지워지던 도덕적 부담을 상쇄하고자 했다.

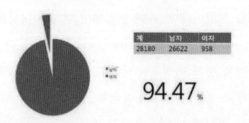

김치남 : 저희는 이성적이라 여자들처럼 질질끌며 대화하지 않습니다^^

ㅇㅇ 2015.06.02 16:28   220.88.**.**
조회 5292 댓글 38   + 크게

그냥 죽여버린다 이기야!

흉악범죄 남녀비율

계	남자	여자
28180	26622	958

94.47%

출처: 메갈리아

"여자는 감정적이고, 남자는 이성적"이라는 표현에 메갈리아는 해당 발언이 왜 여성혐오적인지 논리적으로 반박하기를 포

기한다. 대신에 이들은 여성혐오적 통념의 거울상을 만들어낸다. 인용된 게시물과 같은 주장은 여성성을 감정적이고, 까탈스러운 성격과 연결 짓던 편견과 논리를 다음과 같이 전복한다. 여성들의 섬세하고 예민한 감성은 효과적인 커뮤니케이션을 가능케 하는 반면 공감능력이 부족한 남성들은 갈등 상황 해결 능력이 취약하다. 이러한 거울상의 이해구조에서 여성은 문제 상황이 생겼을 때에 대화와 공감으로 평화적으로 문제를 해결하는 존재인 반면, 남성이야말로 폭력으로 위기를 해결하는 부정적인 속성을 가진 것으로 해석된다.

메갈리아의 미러링은 여성혐오적 언어를 효과적으로 차용하고, 전복시켰다. 여성에게 향했던 혐오 발언의 방향을 바꾸어 여성혐오의 폭력성을 폭로하고, 여성성과 결부 지어졌던 부정적 속성들을 떼어내어 남성성에 재부착하였다. 뿐만 아니라, 메갈리아는 여성들에게 불합리하게 요구되는 도덕적 책임을 역전시켜 남성들의 도덕적 방임을 호명해 내었다. 이렇듯 미러링 전략은 혐오 발언을 역이용하여 여성혐오를 효과적이고도 유머러스하게 되돌려주는 역할을 한다.

메갈리아의 미러링 운동은 남성 중심적인 언어권력의 탈환

아래는 텍스트 미러링의 시초였다고 잘 알려져 있는 글이다. 해당 글에서 여성혐오적인 발언들이 어떻게 폭로^{exhibit}되고, 문제시되며^{problematize}, 미러링 전략을 통해 유머러스하게 되돌려 ^{reciprocate} 지는지 살펴보자 .

결혼할 남자는 동정이였으면 하는 게 여성의 솔직한 마음입니다

2015-06-03 23:25

남성분들껜… 죄송한…얘기지만서두…솔직히…결혼할 남자는 동정이였음…좋겠다..싶은 것이…솔찍헌…여우의 마음입니다ㅎㅎ…이년저년 쑤셨을 성기…찝찝한게 사실…제 아이…아버지가 될…남잔데…. 어디서…낙태하고…튀었을지도… 모르구… 동남아에..애가있을지… 누가안담ㅎㅎ…. 주면…먹으면서두…갈색으로 쪼그라든…불알두쪽을보면…아…이놈 걸레구나…하며 조용히…마음속으로…고개를 젓는 것이…여자라는 짐승…. 그러니 남자분들…신사답게 조신히… 자기 몸을…소중히…보석처럼 여겨…결혼할여자에게 동정이라는…아름답고 값지운…선물을 하시고…평생 사랑받는 길을 택하십시요….인생 더산…연장자로서…진심어린…충고….'

출처: 페미위키, 〈https://femiwiki.com/w/솔찍헌_여우의_마음〉

이 텍스트는 온라인상에서 남성들이 자주 사용하는 여성혐오적 언어와 태도를 그대로 모방한 채, 여성과 남성의 역할만 바꾸어 그대로 되돌려준 것이다. 여성혐오 발언들이 가지는 특징들을 그대로 유지한 채, 말 그대로 "주어만 바꾸어" 남성의 순결성을 재단하고, 판단하는 주체를 여성으로 만든다. 이 글은 세 가지 역전의 요소(방향성, 속성, 도덕성)를 모두 사용하여 현존하는 젠더 권력을 전복한다. 여성과 남성 모두, 이 미러링 발화의 원본 발언들을 명확하게 그려낼 수 있었다. 해당 텍스트는 섹슈얼리티에 대한 여성혐오적 믿음들을 그대로 남성성에 가져다 붙인다. "결혼한 남자는 동정이어야 한다"는 믿음이나, "이년저년 쑤신" 남성의 성기는 오염되어 "갈색으로 쪼그라든다"는 믿음, "어디서 낙태하고 튀었을지도 모른다"는 근거 없는 의심, 성행위를 많이 한 남성은 "걸레"라는 가치 판단 등 여성의 몸에 부과되었던 부정적인 속성들을 그대로 반영하여 되돌려 주고 있다. 또한 남자들은 "자기 몸을 보석처럼 소중히 여겨"야 하고 여성에게 "동정이라는 아름답고 값지운 선물"을 하여야만 사랑받을 만한 자격이 있다는 등의 도덕적 판단을 그대로 되돌려 준다. 김수아는 2015년 〈페미니즘 연구〉에 게재한 논문 「온라인상의 여성혐오표현」에서 이 패러디를 두고 말줄임표를 사용하는 등 세심하게 모방한 말투는 소라넷 남성 이용자들의 언어 사용 방식을 그대로 재현한 것이며, 그 점을 이해하는 독자들에게 당혹감 또는 쾌감을 촉발해 그 의미를 더욱 풍부하게 한다고 평가한다.

메갈리아의 여성들은 여성혐오의 혐오발화를 문제시하고, 재전유하였다. 여성혐오 발언에 저항하는 미러링 발화는 여성혐오의 혐오적인 의도를 남성들에게 그대로 되돌려준다. 메갈리아의 미러링은 남성이 여성에게 가했던 차별과 폭력을 그대로 남성들에게 되돌려 주고자 했다. 이러한 패러디는 단순히 여성혐오를 모방하거나 혐오를 재생산한 것이 아니라, 여성혐오를 희화화하고 그 권력에 도발한 것이라 볼 수 있다. 나아가 미러링 발화는 여성혐오적 믿음이 한국 사회에 가졌던 절대적 가치를 손상 시켰다.*

"여성혐오나 남성혐오나 거기서 거기지", 과연 그런가?

메갈리아에 비판적인 이들은 미러링 발화가 여성혐오 발화와 똑같이 나쁘다고 말한다. 이들은 여성혐오가 여성들에게 상처를 입혔던 것 만큼이나 미러링이 남성들에게 상처를 입힌다고 주장한다. 그러나 여성혐오 발화는 미러링 발화와는 문화적, 사회적, 언어적, 정치적으로 전혀 다른 효과를 가진다.

주디스 버틀러는 혐오 발언은 내면화된 가치 체계interpellation** 를 상기함으로써 그 효과를 가진다고 주장했다. 혐오 발언이란 "여성의 몸은 성관계를 통해 오염된다" 라든지, "여성은 아름다워야 한다" 라든지 내면화된 기존의 취약성에 대한 가치 체계prior vulnerability를 상기 시킴으로써 해로운 효과를 일으킨다는 것이

---

* 이광석 "온라인 정치 패러디물의 미학적 가능성과 한계" 한국언론정보학회 통권통권 48호 2009. 109-134p / "우승정 젠더 패러디: 젬스의 여왕 크리스티나와 처칠의 클라우드 나인 연극 비교" 현대영어영문학 제58권 제3호 2014 131-149p
** Interpellation: 마르크스 주의 이론에서, 한 사회의 문화나 이데올로기를 접하고 이를 내재화하는 과정을 뜻한다.

다. 미러링의 경우 발화가 기생할 만한 남성의 취약성에 대한 가치 체계가 전무하다.

"니거^{nigger}"라는 단어가 혐오발화로 효과를 지니는 것은 수백년간 차별받고, 희생 당한 흑인의 역사가 있기 때문이다. 마찬가지로, "더러운 호모 자식"이라는 발언이 혐오발언이 되는 이유는 개인에게 내면화된 동성애 차별적인 문화와 이데올로기가 있었기 때문이다. 동성애자가 "이 더러운 헤테로 자식아!"라고 역으로 맞받아친다고 해서 두 발언이 동등한 무게를 지니는 것으로 해석해서는 안된다. 전자는 한 사회의 혐오적인 문화와 이데올로기 전체를 상기하는 혐오발화인 반면, 후자는 개인적 수준의 욕설에 불과하기 때문이다.

이러한 맥락에서, "아… 이년 걸레구나"라는 여성혐오적인 발화와, "아… 이놈 걸레구나"라는 미러링 발화가 청자에게 일으키는 효과는 극명하게 차이가 난다. 물론 미러링 발화 또한 개인에 대한 욕설로써 남성 청자에게 상처 입힐 수 있다. 하지만 "이놈 걸레구나"라는 미러링 발화는 개인적인 수준의 공격일 뿐이다. "이년 걸레구나"라는 여성혐오 발화에서처럼 수십 년 간 이어진 여성혐오적인 문화와 차별의 이데올로기 전체를 상기하는 사회 문화적, 정치적인 발언으로 해석되지는 않기 때문이다.

외국의 사례를 보자.^{***} 한 여성이 남성 산부인과 의사의

*** 마이클 장 Michael Zhang. *"Woman Slammed for Posting Photo of Her 'Fine' Doctor Without Consent"* PetaPixel 2019.04.16

사진을 트위터에 올리며 "MY GOD MY DERMATOLOGIST
FINE AS S***!!!!"라고 코멘트를 달았다. 해당 트윗에는 "fine as
hell" 이라던가 "yummy" 라는 등의 답글이 달렸다. 온라인 자
경단은 이 여성을 성적 대상화의 가해자로 지목했고, 남자 의사
가 사이버 불링의 위험에 처해 있다며 호들갑을 떨었다. 그러한
걱정과 우려에도 불구하고, 이 여성은 의사의 신상정보가 적힌
명함을 추가로 공개했다. 이 사건을 접한 사람들은 여성들의 이
중잣대를 비판한다. 남성도 여성들과 마찬가지로 성희롱과 스토
킹의 피해자가 될 수 있다는 것이다. 한 트위터 유저는 이 의사
의 사진이 동의 없이 찍힌 것이며, 수많은 여성들이 온라인으로
이 의사를 성적 대상화하고 있음을 지적했다. 이는 여성들의 성
적 대상화 문제에 대한 "이중성"을 증명하는 사례라며 일갈했다.

이러한 우려가 민망하게도, 사건의 당사자인 의사 임란 아
슬람[Imran Aslam]은 공개적으로 다음과 같은 답변을 남겼다.

> "기술적으로는, 내 사진에 달린 많은 댓글들이 성희롱으로
> 해석될 수도 있다고 생각합니다. 최근 활발하게 이루어지
> 던 미투 운동을 고려해보았을 때, 이러한 댓글들이 이중잣
> 대처럼 보일 수 있다는 점도 이해합니다. (중략) 하지만 여
> 러분이 아셔야 하는 점은, 제가 이 소동에서 단 한번도 스
> 스로 '피해자'라고 느껴진 적이 없었다는 것입니다. 왜 그런
> 가 하고 스스로 고민을 해보았을 때, 의심의 여지 없이 남성

으로서 누려왔던 나의 특권 덕분이었다는 것을 깨달았습니다. 나는 남성이었기 때문에, 살아오면서 단 한번도 여성들에게 성적으로 위협을 느끼거나 겁을 먹어 본 일이 없습니다. 나는 남성이었기 때문에, 캣콜링 catcalling을 당해 본 일이 없고, 남성이었기 때문에 스토킹을 겪어 보지도 않았습니다. (중략) 우리가 남성으로서 누리는 이런 자유 덕분에, 지금 내 사진을 두고 벌어지고 있는 "성희롱"에 대한 담론은 다르게 해석될 수 있다고 생각합니다."

아슬람은 여성의 몸에 행해져 온 성적 대상화와 폭력의 역사성에 대해서 이야기한다. 여성들에게 행해지는 혐오발언은 차별과 폭력의 경험과 기억들을 상기시킨다. 여성에 대한 성폭력은 역사적으로도, 경험적으로도, 현실 세계에서 일어나는 일이라는 점에서 다른 무게를 가지게 된다. 여성에 대한 혐오발언은 개인에 대한 모욕일 뿐만 아니라, 과거의 경험과 내면화된 여성혐오 이데올로기를 상기하며, 가까운 미래에 일어날지도 모르는 일에 대한 실질적 위협으로 여겨지기 때문이다. 남성으로서 아슬람은 여성들이 겪는 것과 같은 일상적 폭력과 모욕을 겪어 본 일이 없었고, 다른 많은 남성들 역시 마찬가지로 일상적으로 '남성혐오'의 위협과 폭력을 겪어 본 일이 없다.

여성이 남성에게 "너를 강간하겠다"고 협박을 하는 것은 대개 상상해본 적도, 가능하리라고 생각해 본 적도 없는 인터넷

상의 거친 욕설일 뿐이다. 현실 세계에서 남성은 여성에게 강간 당하지 않는다. 남성 피해자를 강간하는 것은 절대 다수의 경우 그의 남성 동료이지, 여성이 아니다. 반면, 남성이 여성에게 가 하는 "너를 강간하겠다"는 협박은 여성들 누구나가 가지고 있는 내면의 공포, 매일같이 일어나는 남성 가해자에 의한 각종 폭력 과 살인 사건, 강간을 당하는 여성에 대한 여성혐오적 시선처럼 내면화된 가치와 역사적 취약성에 기대어 훨씬 더 깊고 강렬한 효과를 남기는 것이다.

미러링 발화 역시, 기생할 수 있는 거대한 역사성이 없다. 남성들은 남성혐오에 대한 내면화된 기억과 공포를 가지고 있지 않기 때문이다. 따라서 미러링 발화는 개인적 수준의 공격이나 욕설에 머무를 뿐, 내면화된 남성혐오나 차별에 대한 가치체계 를 상기하는 효과를 미치지 않는다.

그렇다면 여성혐오 발화 자체를 아예 법적으로 금지해 버 리는 것은 어떨까? 주디스 버틀러는 혐오적 언어를 사용하지 못 하도록 검열을 늘리는 것보다는, 개인들이 혐오 발화를 재전유 하는 방식으로 혐오발언에 대한 대응이 이루어져야 한다고 주 장했다. 그녀는 언어 사용에 대한 검열을 늘리는 것은 필연적으 로 지배 권력을 가진 이들에게 유리한 방식으로 작동할 것이라 고 경고한다. 메갈리아의 여성들은 경험적으로 버틀러의 뛰어난 통찰을 공유하고 있었던 것처럼 보인다. 이들은 공권력을 비롯 한 한국 사회 전체가 여성혐오에 물들어 있기 때문에, 언어의 검

열은 오히려 혐오 발화에 저항하는 여성들에 대한 검열이 될 것
이라고 판단했다.

여혐단어 처벌하면 절대 안되는 이유.txt 2015-10-09 12:26:57

알다시피 여혐단어 처벌은 곧 남혐단어를 처벌하겠다는거다.

애초에 여혐이 이렇게 심해질때까지 방관하고 사회적 담론도 안 나온
한남충 나라에서 갑자기 이런거 추진하는 의도가 뻔하지 않노?

근데 이거 결사반대해야된다.

왜냐하면, 언어의 힘이 엄청나게 강력하기 때문이다.

(중략)

지금 씹치놈들은 여자가 남자를 프레임화 시키는걸 막겠다는 얘기다.
지들은 10년동안 존나게 패고 때리고 여자를 수많은 프레임으로 가둬
놓고 그 프레임이 세뇌되어서 정착했으니 이대로 유지만 해도 아쉬울
거 없다는 생각이다.

(중략)

여기서 차단하겠다는거지. 여자 프레임은 좆나 광범위하고 깊숙이 자
리잡았는데 남자 프레임은 생기기 전에 차단하겠다는거.

(중략)

여혐단어 절대 처벌하면 안된다. 그냥 이대로 놔둬서 한남충들이 얼마
나 여자를 우습게 보고 여성비하가 심한지 하나하나 캡쳐떠서 빅데이
터를 만들어야한다.

(후략)

실제로 수십 년간 난무하던 여성혐오 표현에 대한 규제가 지지부진했던 것과는 상반되게 '한남충'이라는 단어가 생긴 지 2년 만에 한 웹툰작가가 자신을 한남충이라고 지칭한 대학원생을 모욕죄로 고소했고 이에 벌금형이 선고된 사례가 있다.[*]

메갈리아의 미러링이 그토록 강렬했던 이유

여기까지 미러링 발화의 의의와 그 효과에 대해서 정리해 보았다. 아래에는 미러링 발화가 한국 사회에서 어떻게 그렇게 효과적일 수 있었는가를 다루어 보려고 한다.

화형식이 마녀들을 유명하게 만들었다

남성들은 여성의 얼굴이나 신체 사이즈, 유륜의 형태와 색깔, 외음부의 모양이나 색, 질의 촉감과 크기 등 신체의 모든 부위를 토막 내어 구분 짓고 등급을 매겼다. 메갈리아는 반대로 남성들의 성기 사이즈로 등급을 매겨보자고 제안한다. 어느 날 메갈리아에 국가별 남성들의 성기 사이즈 평균 통계 자료가 업로드 되었다. 이 자료는 한국 남성들의 페니스 사이즈가 평균 6.9cm로 세계에서 가장 작다고 주장하는데, 별 근거도 없고 신빙성도 떨어져 보이는 이 이미지 한 장이 남성들 사이에서 엄청난 반향을 일으켰던 모양이다.

---

[*] 김푸름 " '한남충'이 모욕죄? 그럼 맘충, 김치녀는?" 여성신문 2017.07.24.

갑자기 모든 남성들이 메갈리아에 대해서 떠들어대기 시작한 것이다. 감히 남근을 모욕하는 마녀들에 대한 이야기가 연일 디지털 공간을 장식했다. 〈시사인〉에서 분석한 빅데이터에 따르면 남성들의 메갈리아에 대한 초기 담론은 세 가지 키워드로 요약 된다: '남성', '성기', '크기'.

연구를 주도한 김학준 미디어 분석팀장은 성기 사이즈가 메갈리아를 둘러싼 남성들의 핵심 담론이었다고 평가했다.

> "무엇이 최초의 격발 스위치였는지를 지도는 그야말로 적나라하게 증언한다. 담론의 한가운데에는 '성기 크기'가 있었다.(중략) '메갈리아'는 '남성혐오' 사이트다. 왜? 남성을 '비하'하는 '발언'을 하기 때문이다. 어떤 비하? '남성' '성기'를 작다고 '모욕'한다".[**]

여자들은 강간률, 흉악범죄, 성평등 지수 등에 대해 아무리 떠들어대도 꿈쩍 않던 남자들을 움직이게 하는 방법을 깨우쳤다. "6.9"라는 구호 하나가 대한민국 전체를 들썩이게 했다. 다른 그 무엇보다도 페니스에 대한 조롱과 모욕이 남성들을 분노하고 움직이게 했고, 메갈리아의 여성들은 재빠르게 현상을 포착했다. 한 메갈리아 유저는 "김치놈은 여기 들어와서 실좆 얘기밖에 안보임ㅋㅋㅋ"라는 제목의 게시글을 통해 강간율, 흉악범

[**] 천관율 "정의의 파수꾼들?" 시사인 2016.08.25.

죄, OECD 성평등 지수, 성매매 문제 등 아무리 여성들이 문제 제기를 해도 꿈쩍도 않던 남성들이 "그저 실좆에만 부들부들"하고, 경기를 일으키고 있다*며 조소했다.

6.9 구호의 놀라운 성공을 자축하는 의미에서, 메갈리아는 작은 사이즈의 페니스를 조롱하는 손 모양을 자신들의 상징으로 채택하였다. 그렇게 마녀들은 남성의 분노를 역이용하는 법을 배웠다.

이처럼 메갈리아가 한국 사회에 널리 알려지고 이슈가 될 수 있었던 데에는 미러링 발화에 격분한 남성들의 공이 컸다고 할 수 있겠다. 2015년 8월 공식 메갈리아 사이트의 개설 당시의 방문자는 17만 명이었으며, 매달 사이트의 방문자는 10만여 명씩 늘어 11월에 가서는 누적 방문자 37만 명에 육박했다. 흥미롭게도 그 중 25% 정도의 트래픽이 이 '남성혐오' 사이트를 처단

---

* 디씨 인사이드 메르스 갤러리, 재인용: 인스티즈 "현재 메르스 갤러리 상황" 2015. 06. 06.

하고자 고군분투 하던 일베와 디씨 인사이드 같은 남성 중심적인 사이트로부터 유래된 것이었다.[**] 감히 한국 남성의 성기를 모욕하는 여성들에 분기탱천한 남성들은 이 마녀들에게 마땅한 공개 처형을 내리고자 했다. 이들은 미러링 게시물을 공론화해 마녀들을 화형 시키고자 했다. 그러나 역설적으로 마녀들을 사냥할수록, 그녀들은 더 유명해져만 갔다.

메갈리아 이전의 여성혐오적 규율은 엄격했다. 남성은 여성을 평가하고, 여성은 남성의 권위 앞에 조아릴 뿐이었다. 단 한 번 그러한 남성의 권력을 빼앗아 오고자 했던 여성(루저녀)는 엄청난 사회적 질타와 제재를 받고 역사 속으로 스러져갔다. 남성들은 메갈리아의 여성들 또한 화형 시키고자 했다. 이 주제를 모르는 여성들을 일벌백계 함으로써, 다시는 그러한 일이 벌어지지 못하도록 막아야만 했다. 그러나 메갈리아의 마녀들은 화형대 앞에서 두려워하고 숨는 대신, 성대한 축제를 벌이기 시작했다. 장작을 더 넣어 불을 키우고, 소리를 지르고 춤을 추었다. 이에 더 많은 여자들이 마녀들의 축제에 가담하기 시작했다.

한남충새끼들 존나 멍청한게 여자들은 여기 들어오면 코르셋에서 풀려 난다고   2015-11-20 04:49:56

홍보요정들이
메갈은 나쁜곳입니다! 좆 같은 곳입니다! 라는 걸 여자들한테 주입시

[**] 에밀리 싱 Emily Singh *"Megalia: South Korean Feminism Marshals the Power of Internet"* 〈Korea Expose〉 2016.07.30

키려고 메갈을 언급하면 여자들이 얼마나 쓰레기 같은 곳인가 하고 여기 한번 와봄.

그리고 다시 못나감 와 존나 신세계 어맛! 미친년들이네! 하고 나가는 년들도 이미 자신도 모르게 예전의 자신과의 싸움이 내적으로 벌어지고있음ㅋㅋㅋㅋㅋ

출처: 메갈리아 저장소 〈https://archive.md/Hq91g〉

다음 예를 보자. 여성들에게 있어 군 문제에 대한 이야기는 금기시 되어 있는 주제였다. 여성이 감히 남성들의 신성한 군 의무에 대해서 발언하거나 이를 조롱하고 모욕하는 것은 허용되지 않았다. 메갈리아의 마녀들은 맹랑하게도 이 금기를 깨뜨리고 다음과 같은 글을 적었다.

"군대 가기 싫었으면 국방부에 전화해서 안돼요 싫어요 하지마세요 했어야지 지 발로 신검받으러 가고 지 발로 훈련소 걸어가놓고 웬 행패냐 그리고 군대 갔다와서는 허구한 날 군무새마냥 군대군대 울부짖는데 이거 사실상 군대간거 즐긴거 아니냐? 짬밥맛이 그리 좋드냐?ㅎㅎ".

출처: https://femiwiki.com/w/페미위키:위키독_보존_프로젝트/WOMWIKI/문서/미러링

이러한 텍스트의 원문은 남성들이 성범죄 피해를 당한 여성을 조롱하고 낙인찍는 방식을 그대로 닮아있다. 다음은 해당 미러링 텍스트가 미러링한 여성혐오 메시지의 원문이다.

"(성폭행) 당하기 싫었으면 하려고 할 때 안돼요 싫어요 하지마세요 했어야지 지 발로 모텔가고 지 발로 남친 집 걸어가 놓고 웬 행패냐 그리고 하고 나서는 허구한날 울어대는데 이거 사실상 즐긴 거 아니냐? 자지맛이 그리 좋드냐? ㅎㅎ"

출처: https://femiwiki.com/w/페미위키:위키독_보존_프로젝트/WOMWIKI/문서/미러링

메갈리아의 미러링 텍스트는 원문 여성혐오 텍스트의 말투와 문법적 구성, 그리고 논리 구조까지도 철저하게 그대로 재현한다. 여성을 억압하고 묵살하는 폭력적 방식의 남성 발화를 메갈리아가 그대로 차용하여, 발화자인 남성들에게 되돌려 주었다는 것을 깨달을 때 남성들의 당혹감과 분노는 말할 수 없이 증폭되었던 것이다.

기존의 젠더권력을 전복시켜 보여주는 미러링은, 폭력과 차별에 이미 길들여져 여성혐오에 익숙해져 있던 사람들에게 신선한 충격을 가져다 주었다. 미러링에 대한 남성들의 분노는, 여성들에게 가해지던 폭력과 혐오발언이 말도 안되게 끔찍한 일이었다는 사실을 여실히 드러낸다. 나의 은사이자 인류학자인 아서 클라인먼은 "훌륭한 인류학자는 말하지 않고 보여줄 뿐A great ethnographer must show, not tell."이라고 가르쳤던 바 있다. 메갈리아의 여성들은 훌륭한 인류학자였던 것이 틀림없다.

132쪽의 이미지에서 볼 수 있듯, 메갈리아는 미러링 전략을

한국 여자는 다 김치녀 ㅋㅋ
게이들아 스시녀 만나라
기쎈 김치녀 만나면 고생함 ㅉㅉ
여자는 삼일한 해야됨 ㅋㅋㅋ

데이트할때 5:5 안하면
다 김치녀라 이기야 ㅋㅋ
반값 내라 이기야

......

성매매가 공급이 있으니 수요가 있어?
돈 주면 성욕 풀곳이 한두곳이 아닌데도
여자 강간하는 씹쓰레기들이 넘쳐나는건
어떻게 설명할래?? 느그 와이프가 사회 생활때
문에 호빠가도 이해해주냐? 그리고 외국가는
여자는 다 원정녀? 니들은 코피노 만들라고
가는거 아니냐?

대부분의 운전 사고는 남자들이 일으키는 건데
왜 여자들한테만 김여사를 붙이는건데??
차 사고는 그냥 그 사람이 운전을 못하는거지
여자남자가 거기서 왜 나오냐?

길다 3줄 요약좀…

코피노

데이트 폭력

강간범

실자지

이 김치녀들
하늘같은 남자한테 대든다 이기야!!!
이래서 기쎈 김치녀들은
삼일한 해줘야된다 이기야!!!

(… 자지 크기에만 반응하는군)

한국남자들 자지 비트자지ㅋㅋ?
씹치남들은 삼초한 해야한다 이기야!
왜 돈도 없고 못생긴 씹치남 만나노?
외국남자 만나라 이기야

이용해 여성혐오의 폭력과 비도덕성을 온몸으로 보여주었다. 이는 많은 여성들을 효과적으로 설득하였을 뿐만 아니라, "김치녀가 뭐가 문제냐"라고 여기는 기존의 남성들 조차도 "김치녀나, 한남충이나 둘 다 문제가 있다"라는 식의 최소한 양비론의 입장을 견지하도록 만들었다.

메갈리아라는 이름의 농담

미러링이 남성들에게 참을 수 없이 도발적이었다면, 여성들에게는 놀랍도록 유쾌한 농담이었다. 메갈리아의 시작과 끝에는 농담이 있다. 여성들은 웃음을 통해 서로를 위로하며 여성혐오에 반격의 돌을 던졌다. 메갈리아에서 활동한 여성들에게 사회적 정당성, 명분, 윤리 법칙, 사회 정의, 다른 페미니즘 및 인권운동과의 연대보다도 더 중요한 것은 함께 농담을 나누며 웃고 떠드는 일이었다. 그녀들은 자신들의 농담이 여성혐오적 사회 질서를 비웃고 깨부술 수 있기를 바랐다. 여성들에게 메갈리아는 결국 끔찍하고 공포스러운 현실을 향해 던지는 농담이었던 것이다.

"메갈이 웃긴 자료 뿌릴수록 힘을 발휘하는 이유.jpg"라는 제목의 게시글에서 작성자는 일베를 비판하고 본인은 여성혐오자가 아니라고 주장하는 남성들조차도 재미있다는 이유 하나만으로 아무런 죄책감 없이 일베의 여성혐오 콘텐츠들을 소비해왔다는 사실을 지적한다. 이어 과격하고 극단적인 화법에도 불구하고 메갈리아의 "촌철살인 해학과 비틀기"에 공감하고 재미

있어 하는 사람들이 많다는 사실을 강조하며, 메갈리아의 콘텐츠 또한 가볍고 유머러스하게 소비될 수 있도록 만들어야 한다고 주장한다.

　　여성들은 성폭력이나 성매매, 그리고 일상 속에 치밀하게 침투해있는 여성혐오적 문화의 폭력을 농담으로 승화하며, 스스로를 위로했다. 위 게시물의 작성자가 지적하듯, 유머는 감정적이거나 이성적인 가치판단 이전에 사람들을 웃고 공감하게 만든다. 메갈리아의 유머 감각에는 조롱의 대상인 남성들 자신조차도 한차례 웃어넘기며 마지못해 수긍하게 만드는 힘이 있다.

　　윤보라는 그의 저작 《그럼에도 페미니즘》에서 이렇게 묻는다. "농담은 운동이 될 수 있는가?" 그녀는 메갈리아가 농담과 유머의 언어를 운동의 힘으로 전환한 실험이라 평했다. 농담이 과연 저항의 수단이 될 수 있는가 하는 문제는 인종 혐오 발화를 연구하던 인류학자들 사이에서는 종종 다루어졌던 질문이다. 힐[Hill]은 물었다. 인종적 권위가 조롱과 농담이라는 수단을 통하여 전복될 수 있는가? 춘[Chun]은 그의 논문에서 지미 웡[Jimmy Wong]이 유머를 통하여 인종차별을 전복시켜내는 모습을 묘사하는 것으로, 답변을 대신한다. 지미 웡 사건의 전말은 다음과 같다:

알렉산드라 윌레이스Alexandra Wallace는 스스로를 "예의 바르고 착한 미국 여자"로 소개하며 도서관에서 아시아인들의 행태를 비난하는 게시물을 업로드했다.

> "도서관에서 공부에 완전 집중해 있을 때 말이야, 뭐 정치과학이론이나 그런 것들에 한창 몰입하고 막 뭔가를 써내려 가고 있는데 말이지. 뭔가 엄청난 깨달음의 순간에 도달하기 직전에 어디서 이런 소리가 들려, '오오오오오, 칭총? 링롱? 팅통? 오오오'"

이에 맞서 지미 웡은 "칭총"이라는 혐오 단어를 유머러스하게 재맥락화한 뮤직비디오를 게시했다. 뮤직비디오는 이 미국 여성에게 보내는 익살스러운 사모곡이었다.

> "damn girl, 넌 너무 도도해. 이제 관심 없는 척은 그만 집어치워. 어제 내가 통화하는 모습 내내 지켜보았잖아. 난 너무 섹시했지, 칭총 웡웡, 사실은 다 너를 향한 주문이지. 이건 여자들을 향한 나의 유혹의 멜로디. (중략) 나는 전화기를 들고 노래하지, 칭총, 사실 너를 사랑한단 의미지. 링롱, 너를 원하고 있단 뜻이지. 팅통, 이건 도통 뭔 소린지 모르겠네."

춘Chun은 이 비디오를 소개하며 "도덕적인 문화 비평으로 기능하는 예술적이고, 유머러스한 패러디"라 평한다. 칭총은 인종차별적 발화를 가져와 재맥락화 하고, 해당 단어의 인종차별적 함의가 전복될 수 있다는 가능성을 보여준다. 이 노래를 들은 청자는 칭총이라는 단어를 보고 최초의 혐오적인 의도보다는, 지미 웡의 익살스러운 패러디를 더 강렬하게 기억하게 될 것이다. 웡의 참신한 노래가 여성혐오적인 표현들을 내포한다는 비판을 피할 수는 없다. 하지만 그의 비디오는 많은 이들에게 공유되고 소비되며, 칭총이라는 표현에 내포된 인종차별적 의도와 의미를 성공적으로 재구성해냈다. 춘은 청중을 반(反) 인종차별주의적 의미구조들로 초대할 수 있는 것은 직접적이고 명령조인 훈수가 아니라고 조언한다. 웡의 뮤직 비디오와 같은 간접적이고 미묘하며 어쩌면 유혹적이기까지 한 이런 발화들이야말로 언어문화의 맥락을 재구성할 수 있는 가능성을 보여준다.

메갈리아의 여성들 또한 뛰어난 유머 감각으로 여성혐오적 발화들을 가져다가 강렬하게 재구성해냈다. 임신중절 합법화를 위한 시위에서 시위자들이 들고 있던 한 피켓의 문구를 보라.

"아빠…… 휴지 속은 너무 추워요."
정자도 소중한 생명입니다.
'자위'도 '살인'입니다.

임신중절을 결정하는 여성들에 대한 도덕적 비난에 관련해 메갈리아의 여성들은 자위행위하는 남성들도 비난받아 마땅하다고 주장했다. 그녀들은 여기에서 멈추지 않고, '남성들의 자위행위를 법적으로 금지시켜주세요' 라는 제목으로 대한민국 청와대의 온라인 청원 플랫폼 '국민청원'에 청원을 올린다. 단 10명의 참여자만을 얻은 이 게시물은 정말로 남성들의 자위행위를 금지하고자 하는 시도라기보다는, 여성들의 몸에 대한 자기결정권을 국가와 남성이 통제하고자 하는 여성혐오적 사회를 향한 조소가 담긴 일종의 풍자극으로 남게 된다.

이러한 농담은 사라 실버만^{Sarah Silverman}이라는 미국의 코메디언이 했던 농담과도 유사하다.

"과학자들이 정자도 냄새를 맡을 수 있다는 사실을 발견했습니다. 여러분 이게 무슨 말인지 아시죠, 정자도 생명입니다. 무슨 뜻인지 알죠? 우린 이 망할 걸 법률로 제정 시켜야만 한다고요!(자위행위로 인한 살인을 예방하기 위해서) 우리가 할 일은 아주 간단합니다. 엄청 기다란 바늘에다가 고프로 카메라를 달고, 페니스 안에다가 밀어 넣는 거에요, 요도를 통해서… 카메라를 고환까지 밀어 넣어요. 우리는 초음파로 그 고환 안에 들어있는 작고 소중한 생명체들을 보여줄 거예요. 그러면 남자들은 절대로 다시는 자위행위 하지 않겠죠."*

이러한 농담은 여성혐오가 여성들의 몸에 대한 자기결정권에 영향력을 행사하기 위해 강요하고 있는 불합리한 요구들을 그대로 전복하여 패러디한다.

Euroa_6969라는 트위터 사용자는 그의 트윗에서 다른 여성들을 설득할 때 "웃긴 드립짤 보여주고(그저) 같이 웃는" 방법이 가장 효과적이었다고 회상한다. 페미니즘의 이론이나 여성혐오의 폭력성을 논리적으로 반박하는 논쟁보다 여성들이 남성들을 "조롱하고 우습게 만들고 노는 남혐 우주"에 데려다 놓기만 하면 되었다는 것이다.

이들은 저항을 하나의 농담거리로 만들어 버림으로써 페미니즘에 대한 진입 장벽을 낮추고, 여성들이 보다 쉽게 운동에 접근할 수 있도록 도왔다.

[메갈] 메갈이 웃긴 자료 뿌릴수록 힘을 발휘하는 이유.jpg 2018.04.21.

(선략) 거의 페미니즘은 일반 여성들에게 파고들지 못했고 그들을 하나로 묶어주지 못했다는 것. 왜 그랬을까요? '학문'이나 순수한 '운동'으로서의 페미니즘은 진입장벽이 너무 높았기 때문이죠. 근데 메갈리아는 페미니즘을 제대로 알지도 못했던 수많은 일반 여성들에게 퍼져나갔어요. 지금 이순간에도 메갈리아의 농담들-을 비롯한 여러 논의들-이 평

---

* Strachan, Maxwell *"Sarah Silverman Thinks It's Time to Start Legislating Male Masturbation"* 〈Huffpost〉 2016.05.23.

범한 여성 한 명의 인식 체계를 완전히 뒤집고 있는데 이게 바로 '세계를 파열시키고 공명하는 힘'의 시발점 아닙니까? (중략)

출처: 메갈리아

모니터 바깥으로 이어진 미러링

2018년 5월 1일, 한 남성 모델의 누드 사진이 워마드 사이트에 올라왔다.[*] 댓글 창은 피해자에 대한 성적 희롱과 모욕적인 발언으로 채워졌다. 이 사건은 디지털 성범죄 사건으로서는 유례없이 엄청난 사회적 반향을 불러일으켰다. 이전의 패턴과는 다르게 남성이 피해자였고, 가해자는 여성이었기 때문이다.

워마드의 극악무도한 범행에 대한 이야기가 사건 바로 다음날부터 온갖 미디어에 대서특필 되는가 하면, 누드 크로키 수업에 참가했던 학생과 모델 등 20여 명 전부에 대한 참고인 수사, 피의자에 대한 구속과 주거지 압수수색이 일사천리로 진행되었다. 경찰은 가해자 검거에 그치지 않고, 워마드 사이트에 댓글을 달았던 회원들을 추적 수사하고, 사이트 관리자의 신원 파악을 위해 미국 구글 본사에까지 수사 협조 요청을 하는 등 전례없는 수사 의지를 보여주었다.[**] 결국 남성 모델 불법촬영 사건의

---

[*] 페미위키에 의하면, 워마드(WOMAD)는 2015년 12월 메갈리아 분열 사태 때 메갈리아에서 분리·파생되어 만들어진 사이트로, "오직 지정성별 여성 인권"만을 위한 커뮤니티를 표방하는 래디컬 페미니즘 사이트이다.
[**] 전정윤 "처음부터 끝까지 '홍대 몰카범 수사'는 달랐다" 한겨레21 2018.05.28

가해자에게는 10개월의 실형이 선고되었다.***

　이렇게 유능한 한국 경찰이, 여성 피해자들이 수사를 요구할 때에는 어디에 있었나? 대부분의 여성 피해자들은 온갖 핑계로 신고를 반려하고 수사를 떠넘기는 경찰만을 경험해왔다. 여성들이 국가의 보호를 요청할 때마다 돌아온 답변은 "그거 못 잡아요," "피의자를 특정할 수 없어요," "이건 별것도 아니에요," "처벌 못해요," "삭제 못해요," "포기해요," "서버가 외국에 있어서 어쩔 수 없어요," "그냥 잊어요"와 같은 말들이었다. 현장에서는 심지어 "증거물이 흑백이면 안 되니 컬러로 뽑아오라"거나 "양면은 안 되니 단면으로 다시 출력해오라"고 요구하는 납득이 안 되는 상황까지 벌어지곤 했다. 천고의 노력 끝에 사건이 접수되었다 하더라도, 한국 여성들은 지지부진한 수사에 마음 졸여야만 했다. 2017년도부터 활동을 시작했던 한국사이버성폭력대응센터(이하 한사성)은 그간 상담해온 300여 건의 케이스 중 구속수사가 진행되었던 사건은 단 한 건도 없었다고 밝혔다. 압수수색을 하더라도 영상이 촬영된 휴대전화를 확인해보는 정도이지, 남성 누드모델 사건처럼 피의자 주거지까지 압수수색하는 것은 단 한번도 보지 못한 이례적인 일이라는 것이다.

　한국 사회 전체가 워마드의 행태를 문제 삼고 비판했으나, 워마드의 여성들은 거리낌이 없었다. 한 기사에 의하면, 그녀들

*** 임재우 '홍대 불법촬영 유포' 실형… "여성 피해 사건 때도 이랬나" 한겨레
2018.08.13

은 '어디 쉬는 시간에 저런 식으로 2.9 까면서 덜렁덜렁 거리냐,' '(성기가 너무 작아서) 안 보인다' 라는 등 피해자에 대해 심각한 수준의 성적 조롱을 멈추지 않았다고 한다.* 워마드 이용자들은 한국 사회의 디지털 성범죄 산업이 여성 피해자를 대하는 방식을 그대로 재현하여 패러디하고 있었다. 그녀들이 이 사건에서 여성혐오의 충실한 거울 역할을 자처하고 나선 것인지, 아니면 정말 남성혐오를 내면화 했기에 일말의 죄책감 없이 이러한 범죄 행위를 벌인 것인지는 명확하지 않다.

그러나 중요한 것은, 해당 사건이 한국 사회를 그대로 비추어, 여성혐오의 낯 뜨거운 민낯을 결국 마주할 수 밖에 없게끔 만들었다는 데에 있다. 워마드의 남성 누드모델 사건은 한국 사회 전체를 미러링의 풍자극 무대 위로 초대한다. 여성 피해자들을 향한 침묵과 극명하게 대비되는 한국 사회의 호들갑스러운 반응은 날것 그대로가 하나의 패러디였다. 국민대학교 한희정 교수는 해당 사건에 대해 다음과 같이 평했다.

> "홍대 남성 누드모델 사진 유출사건은 피해자가 사건을 인지하기도 전에, '정의로운' 목격자들에 의해 공론화가 순식간에 이루어졌고, 학교는 신속하게 가해자를 색출하려고 노력했고 즉시 경찰에 수사를 의뢰하였다. 여성 가해

---

* 최동현. " '홍익대 男 모델 몰카' 수사 중인데… '워마드'에 또 조롱글". 디스패치. 2018.05.05

자는 '긴급' 체포되었고 포토라인에 세워지며 불법 촬영의 '범죄성'이 전시되었다. 이러한 과정은 여성들이 그간 지속적으로 요구하고 바라던 불법촬영범죄를 대하는 모범 답안이었다."

출처: 「사이버 성폭력에 맞서 싸운 여성들: 불법 촬영물을 중심으로」

워마드는 여성혐오 국가에 공고하게 군림하던 남성 카르텔을 건드렸고, 이에 대한 반격은 드라마틱했다. 남성 피해자를 위한 즉각적이고 철두철미한 수사 전개와 가해자에 대한 전국적 심판은, 그동안 소리소문 없이 희생 되어갔던 수 많은 여성 피해자들에 대한 국가의 태도와 극명하게 대비되었다. 워마드에 대한 주도면밀하고 신속한 수사를 보며 여성들은 왜 다른 불법촬영물들에 대해서는 수사가 제대로 이루어지지 않았는지 물었다. 그간 만연했던 디지털 성범죄 문제는 국가 권력이 여성 피해자들을 다분히 고의적으로 방관하고 묵인했기 때문인 것임이 명백해졌다. 한국 여성들은 한국 경찰이 그 동안 수사를 "못한 것이 아니라 안 한 것"이라는 확신을 얻게 되었다. 여성혐오 국가는 여성에 대한 폭력을 사소한 것으로 치부하고, 여성들의 공포와 고통을 외면하고 방치해왔다.

분노한 여성들은 행동하기 시작했다. 2018년 5월 11일 청와대 게시판에 "여성도 대한민국 국민입니다. 성별 관계없는 국가의 보호를 요청합니다"라는 제목의 청원이 게시되어 이 글을 적고 있는 현재 419,006 명의 동의를 얻었으며, 2018년 5월 19일 남성 누드모델 사건의 편파수사를 규탄하는 첫 집회가 조직되었다. 집회는 매달 한 번씩 조직되어, 그 해 12월 22일까지 6개월간 지속되었다. 혜화역 시위로 이어진 편파수사 규탄시위의 슬로건들을 보자.

"못 한 게 아니라 안 했던 거였네?"
"유좆무죄 무좆유죄"
"기회는 남성에게만 평등할 것입니다. 과정은 남성에게만 공정할 것입니다. 결과는 남성에게만 정의로울 것입니다."

사진제공 : 도유진. 다큐멘터리 〈Open Shutters - Field of Vision〉 2022.

위의 구호들은 불공정한 한국 사회의 사법 시스템을 마주한 한국 여성들의 분노를 대변한다. 여성들은 메갈리아와 워마드의 미러링에 대한 남성들의 반응을 보고 그들이 자행한 여성혐오야말로 분노할 만한 일이었다는 것을 배웠다. 남성들이 한남충에 노발대발하는 모습을 보며, 왜 여성들은 그동안 김치년, 맘충, 된장녀와 같은 사소하지만, 모욕적인 발언들에 가만히 있었는지를 돌이켜보게 만들었다. 그러한 관점에서 볼 때, 메갈리아와 워마드의 도발은 가히 성공적이었다고 할 수 있겠다. 결국 메갈리아는 그 존재 자체가 하나의 거대한 패러디이자 퍼포먼스였다. 이들은 '남성혐오를 수행함'**으로서 관객을 자극하고 참여를 유도했다. 분개한 남성 관객들의 반응은 그 자체로 여성들에게 또다시 하나의 퍼포먼스가 되는, 기이한 현상이었다.

페미니즘 말고, 메갈리아니즘

초기 메갈리아의 선조들은 자신이 "페미니스트"이며 "페미니즘"을 실천하고 있다고 여기지 않았다.** 《그럼에도, 페미니즘》에서 윤보라가 포착했던 것처럼, 그들은 그저 평소 하던 대로 남자들을 "쥐패고 있을 뿐"이었다. 이를 어떻게 해석해야 하는가? 메갈리아의 여성들이 행한 것은 페미니즘이 아니었다는 의

---

* 수행성(performativity): 주디스 버틀러가 자신의 저서 《젠더 트러블》에서 젠더 규범 내 수행성의 정치에 대해 개념화했다. 여성성이나 남성성으로 불리는 젠더 규범은 변하지 않고, 영원불변한 것이 아니라 시대적 상황과 사회 구성원들의 요구에 따라 변화한다. 젠더 규범에 변화가 일어나는 것은 사회 구성원들이 해당 젠더 규범을 침범하고, 일탈하고, 저항하는 행위들을 반복적으로 '수행'하는 과정에서 얻어지는 것이라는 관점이다.
** 챕터1 내용 참고. 메갈리아 사이트는 이전 디씨 인사이드의 메르스 갤러리 유저들이 이주하여 나온 사이트이다.

미일까? 페미니즘이 학문적 탐구라던지, 정치적인 이데올로기 싸움, 혹은 윤리적 논쟁으로 여겨져 왔다면, 메갈리아는 일상의 경험들을 두고 벌어지는 수다에 더 가까웠다. 메갈리아의 언어는 구조적 불평등과 여성혐오의 이론적 구조보다는 이야기들, 경험담, 음담패설과 농담, 욕설, 일상적 고민, 남자들에 대한 불평불만, 어린 시절의 기억과 미래에 대한 고민 따위를 이야기했다. 이들에게 여성혐오라는 것은 가족, 일, 연인, 친구, 기억 등과 같이 가장 일상적이고 개인적인 경험과 기억이었다.

이러한 한국 여성들의 입장은 제임스 스콧^{James C Scott}이라는 인류학자가 묘사한 말레이시아의 시골 농민들이 계급 불평등에 저항하는 방식을 그대로 닮아 있다. 스콧은 1987년의 그의 저서 《*Weapons of the Weak*》에서 "역사적으로 모든 약자들의 저항 운동은 굉장히 사소한 것에서부터 출발한다. 이들의 저항은 가장 개인적이고 일상적인 것에서 시작된다. 이들에게 저항의 대상은 자본주의나 식민주의 따위와 같은 어떤 익명의 역사적 힘이 아닌, 일상 속에서 마주하는 진짜 사람들이다" 라고 서술한 바 있다. 메갈리아의 저항 역시 여성혐오라고 불리우는 어떤 거대한 헤게모니에 반한 것이 아니라, 바로 내 옆의 남자들, 여성들의 삶에 일상적으로 상처를 내고 고통을 유발해온 남자들에 대한 것이었다.

메갈리아의 선조들은 꽤 오랫동안 스스로를 페미니스트라고 정체화하지 않았다. 그녀들은 여성혐오를 전복하고자 하는 어떤 대단한 정치적 야망이나 소명을 가지고 움직인 것이 아니었다. 오히려 사소하고 생활에 충실한 싸움이 결국에는 혁명을 불러일으키기도 한다. 스콧은 말레이시아에서 농민들이 처음부터 자본주의와 자본 중심적인 농업, 정치구조와 맞붙으려 한 것은 아니었다고 단언한다. 혁명의 시작점에서 거창한 계획을 꾸미는 것은, 평범한 사람들의 지역적인 경험을 포착해내는 데에 완전히 실패한다는 것이다. 그런 대단한 어젠다는 다분히 엘리트주의적이며, 추상적이고, 너무도 멀리 있다. 그렇기 때문에 대부분의 평범한 사람들을 사로잡고 동기를 부여하지 못한다. 말레이시아의 농민들에게 사회주의와 같은 거창한 구호는 "혁명의 최종적 목적이기보다는, 자신들의 사소하고 대단치 않은 요구사항들이 받아들여지는 데에 있어 필요한 수단 정도"로 받아들여진다. 메갈리아의 전투적인 발화들 또한 여성혐오를 종식시키거나 페미니즘을 주류 이데올로기로 만들어 내기 위한 혁명적 의도라기보다는, 남성들에 의해 유발된 공포를 무력화하거나, 고통을 상쇄시키고자 하는 사소하고 단순한 시도이다.

메갈리아의 여성들에게 여성혐오란 학술적 정의나 책에서 발췌된 인용문이 아니라, 우리의 일상적 경험 속에서 발견한 것이었다. 여성들은 수다를 통해 경험과 상처와 좌절감을 공유했다. 혼자 감내하고 이겨내야만 했던 고통이 사실 여성 모두의 경험이라는 사실을 깨달았다. 우리는 남성들이 우리의 일상 속에서 유발해온 고통들을 여성혐오라고 부르기로 했다. 따라서 메갈리아의 여성들에게 페미니즘이란 학계 혹은 정치 페미니스트들이 말하는 페미니즘과는 "급진적으로 다른 무언가를 의미"했다.

윤지영은 메갈리아 포스트잇 운동을 다루며, 메갈리아니즘의 텍스쳐를 묘사한다. 포스트잇 쓰기라는 행위는 수많은 '저자'들을 쓰기라는 행위에 초대하고, 개인의 주체성을 독려한다. 그녀는 이를 대자보 스타일의 전통적인 페미니스트 글쓰기와 비교한다. 대자보란 한 명의 엘리트에 의해 쓰여지고, 완결성이 부여된 닫힌 선언이다. 대자보는 독자를 깨우치고자 하고, 호응을 불러일으키고자 하는 프로파간다이다. 반면, 메갈리아의 포스트잇 쓰기는 파편화 되어 있으며, 열린 작업이고, 언제든 쉽게 떼어 없애 버릴 수도 있는 종류의 행위이다. 포스트잇의 메세지는 평범한 여성들을 쓰기 행위에 초대하고, 모두가 자신만의 메갈리아즘에 대해서 이야기하고 재해석할 수 있도록 한다.

윤지영은 "한국사회의 정상성이 토대로 하고 있는 바를 적확히 진단해낸 이는 학계 페미니스트 이론가도, 사회학자에 의해서도 아니었다. 바로 여성혐오적 일상을 매순간 마주하고 있는 여성들에 의해 적극적으로 개념화되었고 현사회의 폐부를 찌르는 통찰의 키워드가 된 것이다."라고 강조했다. 수많은 평범한 여성들이 메갈리아에서 자신만의 언어와 문법으로 여성혐오를 개념화하고 해석했다. 이러한 관점에서, 메갈리아와 기존의 페미니즘 운동은 차이가 있었고, 이 책에서 나는, 기존의 페미니즘과 메갈리아를 구분하여 메갈리아 운동이라고 칭한다.

현실 세계로의 행군, 메갈리아 운동

사이버 스페이스 속 이름 없는 여성들의 수다와 농담으로 시작된 메갈리아 운동은 온라인을 넘어 오프라인으로까지 퍼져 나갔다. 메갈리아의 여성들은 온라인에서 여러 프로젝트를 기획하고, 모금운동을 진행하며 조직적으로 행동하는 방법을 배우기 시작했다. 여성들이 여성혐오에 집단적으로 대응하고 저항하는 경험을 축적하면서, 이들의 활동 반경은 점차 메갈리아 바깥으로 뻗어 나갔다. 메갈리아의 여성들은 오프라인으로 나와 여성혐오 반대 시위를 지휘하고, 여성단체를 조직하고, 여성혐오적인 콘텐츠들에 대해 항의하고 개선을 요구하는 한편, 정치판에 영향력을 행사하기도 하며 그 영향력을 넓혔다.

《근본없는 페미니즘》의 '타임라인'에 수록된 바에 의하면, 메갈리아는 페미니스트 단체와 여성 정치인들에게 후원운동을 진행하고, 학교에서 제공하는 성교육 자료 속에 존재하는 여성혐오적 콘텐츠들에 대한 항의를 지속했다. 불법촬영 근절 운동을 통해 소라넷 폐지의 쾌거를 이루어 내고 불법촬영범죄에 대한 처벌 강화를 주도한다. 여성들은 여성혐오 범죄에 대한 진정성 있는 수사를 요구했다. 여성혐오 테러에 사용되는 염산 판매를 금지하기 위한 여러 캠페인을 기획하고, 여성혐오 기업들을 보이콧하는가 하면, 여성혐오 반대 시위를 조직하기도 하는 등 수많은 익명 프로젝트들을 진행하기도 했다. 메갈리아 사이트 폐쇄 이후에도 여성들은 탈코르셋 운동을 주도하며 의미 있는 여성운동을 이어 나갔다.*

메갈리아는 여성혐오의 전시와 문제 제기를 통해 수많은 한국 여성들이 한국 사회의 여성혐오를 재발견하도록 도왔다. 그러고 나서, 여성들에게 미러링이라는 무기를 쥐어 주었다. 미러링 전략은 여성들에게 현존하는 젠더 권력을 뒤집고 여성혐오에 대항할 더할 나위 없는 수단이 되어주었다. '미러링'은 여성혐오의 문제점을 지적problematize하고, 여성혐오 발화를 재전유reappropriation하는 데에서 그치지 않고, 여성혐오 발화가 여성들에게 가했던 상처를 남성들에게 되돌려 주고자reciprocate했다. 여성혐오 의미 구조의 전복은 남성들을 자극하고 분노하게 만들었고, 이들이 메갈리아를 침묵 시키고자 감행한 마녀사냥은 역설적으로 더 많은

---

* 《근본없는 페미니즘》의 '타임라인'에는 2014년도 메갈리아 사이트가 만들어진 이후 다양하게 진행된 콘텐츠들이 정리되어 있다. 그에 따르면, "염산의 시중판매 금지 및 유해화학물질 불법구매자 처벌 강화를 촉구합니다" 아바즈 서명운동에는 20,000여 명이 넘게 참여했다. 여성에 대한 납치, 살해를 모티브로 제작된 맥심 코리아의 표지를 비판하며 진행된 "맥심 코리아: 여성의 현실적인 공포를 성적 판타지로 미화하지 마십시오!" 아바즈 청원은 12,000여 명의 서명을 얻어냈고, 결국 맥심 본사에서 이에 대한 규탄 성명을 발표하기에 이르렀다.

여성혐오적인 운영방침을 고수하는 페이스북을 상대로 한 소송 진행을 위한 "Girls Do Not Need a Prince" 티셔츠 제작 온라인 펀딩 플랫폼 텀블벅에는 1억 원이 넘는 금액이 모였으며, 포털 사이트 네이버에서는 "여혐 근절 캠페인을 위한 콩 모으기 운동"을 지지하며 천만 원에 가까운 금액이 모금되었다. 2015년 진선미 의원이 '소라넷'에 대한 엄격한 수사를 요구하자 메갈리아의 주도하에 이틀 만에 1,200만 원에 달하는 후원금이 기부되는 등의 기염을 토했다. "모든 여성이 아름다워야 하는 것은 아니다"라는 모토로 시작된 "탈코르셋" 운동은 온라인의 각종 커뮤니티에서 해시태그 등을 활용해 논란과 이슈를 만들어냈으며, "저는 예쁘지 않습니다"라는 제목으로 탈코르셋 운동을 지지하는 유튜브를 제작한 유튜버 베리나가 경제협력개발기구(OECD) 포럼에 패널로 초대되어 탈코르셋 운동을 소개하기도 했다.

여자들을 마녀로 만들었다. 여성들에게 재미라는 요소는 메갈리아의 핵심 가치였으며, 메갈리아는 탁월한 유머감각으로 대중을 사로잡았다. 메갈리아의 여성들은 온라인 세계에서 활약하기 시작하여, 점차 인터넷 바깥의 세상에까지 영향력을 미치기 시작한다. 이들은 마침내 사이버 스페이스의 테두리 바깥으로 빠져나와 메갈리아 사이트 자체가 사라진 이후에도 계속 여성혐오와 싸우는 전사, 메갈리안으로 거듭났다.

Chapter 3

평범한 여자들의 비범한 변신, 메갈리아

Chapter 3

평범한 여자들의 비범한 변신, 메갈리아

한국 여성들에게 메갈리아는 어떤 의미였는가. 메갈리아의 무엇이 여성들을 열광하게 했는가. 메갈리아는 여성들에게 윤리적 가치를 설파하지도, 논리적으로 설득하지도 않았다. 메갈리아 담론은 여성들의 감정을 깊이 파고들었다. 메갈리아는 여성들에게 여성혐오의 폭력에 대한 두려움과 공포, 다른 여성들에 대한 연민과 공감을 불러 일으켰다. 이러한 감정은 결국 여성혐오의 가해 당사자인 남성 전체에 대한 분노로 이어졌다. 메갈리아는 여성들을 호전적인 여성 운동가로 재건하기 위한 전략적인 감정 역동의 정치를 행했다.

사회 운동에 있어서 감정 역동이 가진 중요성에 대해서는 여러 학자들이 이미 수 차례 논한 바 있다. 강력한 정치적 행동을 불러 일으키기 위해서는 일련의 정동 상태를 조장하고 활용하는 것이 필수적이라는 것이다. 메갈리아는 이러한 정동 정치의 특징을 영리하게 활용한 것으로 보인다. 메갈리아의 여성들은 본능적으로 감정의 정치적 잠재력을 이해하고 있었다. 이 단원에서는 정서 역동에 관한 사회, 인류학 이론들을 빌려와, 한국 여성들이 메갈리안이 되어가는 과정의 정서 궤도와 정동정치가 지니고 있는 한계에 대해서 분석한다.

　　미디어는 메갈리아가 남성혐오를 부추긴다며 염려하였다. 그러나, 윤지영은 자신의 논문에서 사회학적 현상으로서 남성혐오란 불가능한 일이라고 진단한다. 그러한 믿음은 여성혐오를 문법 그대로 여성들을 혐오하는 감정이라고 오독하는 데에서 나온 오해라는 것이다. 여성혐오는 문법 그대로 여성들을 혐오하는 감정을 뜻하는 것이 아니라, 사회적 지위가 낮은 여성을 멸시하고 차별하는 행위라고 이해해야 한다. 윤지영은 여성의 분노를 혐오 정치라 명명하는 것은 그 자체로 정치적 어젠다이며, 여성들의 저항을 길들이고자 하는 시도에 불과하다고 지적한다.

　　이러한 관점에서 볼 때 사회학적 현상으로 남성혐오가 존재할 수 없는 현상이라는 사실은 자명하다. 그러나 여성 개인이 경험하는 정서는 보다 복합적인 양상을 지닌다. 메갈리아의 정서 실험은 적어도 개인의 수준에서 부분적으로 남성들을 혐오하는 감정을 촉발시킬 수 있었던 것처럼 보이기 때문이다. 나는 메갈리아의 정서 역동이 강력한 저항 운동을 촉발하는 동시에 여성들에게 내면화^{embody}되는 과정을 관찰하였다. 정서 역동의 가능성은 이렇듯, 강렬한 동시에 불안정하고 위태로운 것이었다. 강렬한 감정을 동반한 정치적 행동은 특히 위협적이다. 통제되지 않은 강렬한 감정은 예기치 않은 방식으로 폭발적인 힘을 발휘할수도 있기 때문이다. 그럼에도 불구하고, 메갈리아는 정서 역동이 촉발시키는 강력한 저항의 가능성에 베팅했다.

정치 저항을 동원하는 감정의 힘

사회운동에서 정서 역동의 중요성은 관련 연구자들에 의해 수차례 입증된 바 있다. 핸슨과 야콥슨^{Hansson & Jacobsson}은 그의 저서에서 동물 인권 운동가들의 활동을 관찰하며, "인간을 행동하도록 만드는 것은 명백하게 감정이다. 감정이 우리를 움직인다" 라고 진단한다. 사회 운동에서 사람들의 감정을 활용하고 동원하는 것은, 필수불가결한 일이라는 것이다. 제 아무리 중요한 사회 정의 운동이라고 하더라도, 사람들을 동원하는 데 있어 윤리적 가치는 그 자체만으로 충분한 동기가 되지 못한다. 그렇기 때문에 적절한 정서가 동반되어야만 한다.

핸슨과 야콥슨은 평범한 사람이 동물권 운동가로 거듭나는 과정을 관찰하며, 이를 정서 인식의 폭을 재구성하는 과정이라 일컬었다. 평범한 사람을 활동가로 변모시키기 위해서는 "감정을 느끼는 방식을 단련learn to be affected"하여, 이들의 감정적 수용력을 발달시켜야 한다. 재스퍼와 풀슨Jasper & Poulsen은 동물들이 고통을 당하는 끔찍한 장면을 동원해 '도덕적 충격'을 유발하는 과정을 관찰했다. 핸슨과 야콥슨 또한 개인들을 반복적으로 도덕적 충격에 노출시킴으로써 동물권 운동에 대한 충성도를 높이고 정치 행동을 유도할 수 있다고 주장했다. 메갈리아 역시, 여성들을 끔찍한 여성혐오 범죄와 그 비인간성에 노출해 여성혐오에 대한 도덕적 충격을 유발하고 공포심을 조장했다. 이러한 방식은 여성들을 계몽했고, 활동가로 거듭나게 하였으며, 메갈리아 운동에 대한 충성도를 높였다.

굿윈Goodwin et al.은 도덕적 충격 이후에 사람들을 결정적으로 움직이게 하는 것은 분노라고 보았다. 그에 의하면 도덕적 충격은 현상 유지의 상태에 충격을 주는 장치로 공포심과 분노의 감정을 불러 일으킬 수 있다. 여기에서 공포심은 사람을 마비시키는 반면, 분노의 감정은 정치 동원의 가장 근본적인 토대가 된다. 그렇기 때문에 집단 행동을 불러일으키기 위해서는, 공포를 분노로 바꾸어 내는 힘이 필요하다. 굿윈은 동시에 분노를 동원한 정동 정치의 위험에 대해서도 경고한다.

"적당한 정서는 두려움에서 분노로 변환되어야만 한다. 그리고, 분노하기 위해서는 누군가 탓할 대상이 있어야 한다. (중략) 분노 뿐만 아니라, 공포, 의심, 증오 등의 감정을 이

용해 대상을 악마화시키는 것이 사회 운동의 강력한 엔진
이 될 수 있다."

출처: 제프 굿윈, 제임스 재스퍼, 프란체스카 폴레타, F
《열정적 정치 - 감정과 사회운동 *Passionate politics : Emotions and social movements*》

사회운동이 분노하는 인간의 감정에 의해 촉발된 사례는 다
양하다. 인류학자 쿠르토비치Kurtović과 테오도소폴러스Theodossopoulos
는 보스니아와 그리스에서 분노가 대규모의 정치 저항을 촉발시
킨 과정을 연구하였다. 테오도소폴서스의 연구는 대중의 분노가
가지는 정치적 힘에 대해 이야기하면서, 처음에 신자유주의 경제
질서를 대상으로 시작되었던 숭고한 분노가 포퓰리즘적 민족주
의 내러티브와 손을 잡으며 인종차별적 정서를 촉발시켰다고 경
고한다. 쿠르토빅은, 보스니아 시위 현장에서 사회적 정의에 대
한 윤리적 요구를 바탕으로 빚어진 분노가 방화나 폭력, 약탈 등
의 폭력적 행태로 악화되었다고 평가했다.

분노의 정치를 연구한 학자들은 인간의 감정이 지닌 강력
한 영향력에 대해서 기술하는 한편, 그 불안정한 위험에 대해서
적었다. 메갈리아에서 보여준 분노의 정치 역시 가공할 어마어
마한 정치적 잠재력을 인정받은 한편, 혐오의 정치로 전환될지도
모른다는 불확실한 가능성 때문에 비판받기도 했다.

메갈리안의 정동 경로, 남성 공포의 인정

〈시사인〉은 메갈리아 개설 이후 세 달간(2015년 6월 1일 ~ 8월 31일) 올라온 게시물 중 10개 이상의 추천을 받은 27,888개 텍스트에 대한 빅데이터 분석을 진행했다.* 해당 기사는 메갈리아의 내부 담론의 빅데이터 분석을 처음으로 시도한 연구일 것이다.

기사는 담론 전반을 꿰뚫고 있는 중심 정서가 공포임을 포착해낸다. 범죄, 시선, 그리고 결혼에 대한 공포가 그것이다. 범죄 공포 담론은 여성들이 일상적으로 '성폭행', '성희롱', '모욕', '데이트강간', '살인'의 위협에 노출되어 있음을 보여준다. 이 구도에서 남성은 범죄 가해자이거나 성매매 구매자이다. 시선에 대한 공포는 남성이 여성의 외모를 평가하고 대상화하는 상황에 대한 여성의 공포를 드러냈다. 남성의 시선은 여성들의 '외모'를 '골반', '가슴', '얼굴', '몸매' 등으로 나누어 부위별로 '평가'한다. 그 중 '디지털 성범죄'는 남성의 시선에 대한 여성의 공포심을 자극하는 가장 극단적인 형태의 이슈다. 한편 '이혼', '포기', '독신', '기피', '자살' 등의 키워드는 한국 여성들의 결혼에 대한 불안감을 대변한다. 메갈리아의 여성들에게 결혼은 진정한 사랑의 결실이라거나, 인생의 동반자를 찾는 일이기 보다는 집안일과 육아를 떠맡고, 인생 전반에 있어 '손해'를 받아들이는 일이 되었다.

윤지영은 여성혐오에 대한 공포가 여성들의 일상을 철저히 장악하고 있다고 지적한다. 엘리베이터를 탈 때 벽을 등지고

---

* 천관율 " '메갈리안' … 여성혐오에 단련된 무서운 언니들" 시사인 2015.09.17

선다거나, 밤 늦게 탄 택시 번호를 지인들에게 보낸다거나, 혼자 산다는 사실을 숨기고, 남자친구가 있다는 거짓말로 원치 않는 성적 접근을 차단하는 등의 생존 전략은 여성들의 일상 속 깊숙이 남성에 대한 공포가 침투해있음을 단면적으로 드러낸다. 이러한 현실 속에서, 살아남고 싶은 여성들은 모두 스스로에게 주문을 걸어야만 했다. 충분히 조심하지 않는 여성들만이 여성혐오 범죄의 희생양이 되는 것이다. 위에서 나열한 것과 같은 수많은 안전 강령들을 지키기만 하면, 나에게 여성혐오는 피해갈 수 있는 불운이다.

잘해주면 '꽃뱀'

못해주면 '쌍년'

남 돈 쓰면 '김치녀'

자기 돈 쓰면 '된장녀'

여자가 싸우면 '보적보'

여자가 생리하면 '피싸개'

여성 어린이는 '로린이'

노는 여성은 '룸나무'

여자가 술 취하면 '골뱅이'

여자가 게임하면 '여왕벌', '헤지'

여자가 기어오르면 '삼일한', '보전깨'

여자가 운전하면 '김여사'

한국 남자랑 자면 '걸레년'

외국 남자랑 자면 '양갈보', '양공주'

지하철 여성 임산부석은 '질싸인증석'

결혼한 여성은 '맘충'

누군가의 팬인 여성은 '빠순이'

못생긴 여성은 '봉씌먹'

여자가 차별하지 말라고 하면 '페미년'

그러나 여성이 조심하지 않았기 때문에 피해를 당한 것이 아니다. 메갈리아의 여성들은 말한다. 한국 사회를 살아가는 여성은 어떻게 해도 김치녀, 된장녀, 꽃뱀, 맘충과 같은 여성혐오적 호명에서 벗어날 수 없다. 아무리 조심해도 맞을 수 있고, 강간 당할 수 있고, 살해당할 수 있는 것이 한국 여성의 삶이다. 여성 모두는 이미 여성혐오의 희생자인 것이다. 여성혐오는 충분히 조심하지 않은 누군가의 불운이 아닌 나와 너와 여성 모두의 필연이다.

메갈리아의 여성혐오 발굴 작업은 한국 사회에서 여성혐오의 규모가 얼마나 방대한지를 밝혀냈고, 끊임없는 주문으로 위태

---

* 이 게시글의 출처는 '종합커뮤니티 시보드'의 일반유머 게시판에 익명의 게시자가 "한남이라고 불러주는 걸 감사히 여기라는 에타녀"라는 제목으로 2022년 6월에 게시되었지만 그 익명의 게시자 또한 어느 게시판에서 이미지로 캡처해 올린 게시글이라 저작권자를 찾을 수 없었다.

롭게 유지되던 여성들의 일상을 산산조각 내버렸다. 메갈리아는 여성혐오의 현실을 철저히 조사하고, 여성이 혐오와 차별과 폭력에 노출되는 방식을 맹렬하게 폭로했다. 여성혐오의 존재를 수면 위로 떠올려 여성들이 일상 속의 공포를 직면할 수 밖에 없게 만들었다. RPO 팀의 강유는 디지털 성범죄와 싸우는 여성 운동가로써 경험한 남성 공포에 대해 다음과 같이 말한다.

"모니터링 팀으로부터 매일같이 소라넷 이야기를 전달받다 보니 노이로제에 걸릴 지경이었다. 하필 내가 맡은 일이 왕십리 사건과 같은 골뱅이 사건들인지라, 힐끗 스치듯이 봐도 힘든 이야기들을 영어로 번역하고 검수하면서 반복적으로 보다 보니 제정신을 유지하기가 힘들었다. 어느 정도였나 하면, 길에 지나가는 남자들만 봐도 곧바로 소라넷이 떠올랐다. '소라넷 이용자가 100만 명이라고 하니까, 지금 여기 있는 남자들 중 누군가는 소라넷을 하겠지. 그리고 그들 중 누군가는 심신미약 상태인 여자를 강간하거나 성기에 위험한 물건을 넣고 낄낄거릴 거야.' 옷깃에 닿는 모두가 역겹고 무서웠다."

천안 익명이요~ 도서관 여자화장실에서 본건데 이런건 누가 왜 붙이는건가요.
누가 보고있을지 모르니 조심하라는 말인가요? 근데 보는 순간 너무 소름돋아서 떼버리고 싶었어요. 그냥 이런거 안 붙이면 좋겠어요. 괜히 겁나고 소름끼치네요.

작아서 안보일지 모르겠는데 위에 작을 글씨로 안전용변하세요. 화장실은 녹화 중, 방금 치마 내렸다, 수만명 동시 시청중 이렇게 써 있는데

문구도 소름 돋고 뭘 의미하고자 한건지···.*

화장실에 붙어있던 스티커는 디지털 성범죄에 대한 경각심을 불러 일으키기 위해 메갈리아의 소라넷 프로젝트 팀이 배포한 몰카 스티커였다. 글을 올린 작성자는 스티커 내용이 "겁나고 소름" 끼친다며, 여자 화장실에 이러한 스티커를 붙이는 저의를 묻는다. 그러나 이것이야말로 메갈리아가 의도했던 반응이다.

---

* 사이트 인스티즈의 2016년 게시글 "한 대학교 여자화장실에 붙어있는 스티커, 어떻게 생각해?(소름주의)"라는 제목으로 올라온 글이다.(출처: https://www.instiz. net/pt/3401627)

공포를 인정하고 직면할 수 있어야만, 이를 변화를 향한 에너지로 승화시킬 수 있다. 외면하기만 해서는 아무런 변화도 일어나지 않는다. 화장실의 스티커는 여성들에게 스스로의 남성공포를 직면할 것을 강권하고 있었다. "설마 나는 아니겠지", "나는 괜찮겠지" 라며 불안한 위로로 여성혐오에 고개 돌린 여성들에게, 그 누구도 괜찮지 않으니, 함께 분노하고 서로를 지켜주며 행동하자고 제안하는 것이다.

두려워하는 여성들

- 조심히 들어가. 도착하면 꼭 연락하고.
- 나는 오늘 살아남았어요. 하지만 내일은? 앞으로는?
- 저는 추모를 와서까지 마스크를 썼습니다. 무서워서요. 추모를 하면서도 두려워해야 한다는 것이 저를 비참하게 만듭니다."
- '모든' 남자가 그렇지 않기에 안전하다고 한다면, 러시안 룰렛은 더없이 안전한 게임이다.
- 택시를 탈 때, 엘레베이터를 탈 때, 길을 지나갈 때, 모든 일상에서 두려움을 떨칠 수 없는 생활을 합니다. 남자 분들은 상상할 수 있는 일상인가요? 저는 웃고 있지만 언제나 마음은 졸이면서 살고 있어요. 죽을까봐.

출처: 경향신문 사회부 사건팀 기획 《강남역 10번 출구, 1004개의 포스트잇》

공포, 분노의 불을 지피다

메갈리안이 되기 위한 첫 번째 단계는 남성 공포를 인정하는 일이다. 이는 여성의 일상을 장악하고 행동과 태도를 통제해왔던 두려움을 직면하고 폭로하는 작업이다. 다음 단계로, 여성은 남성을 향한 공포로부터 스스로 해방될 것을 선언해야 한다. 이 과정에서 분노는 가장 강력한 동력으로 작용한다. 분노는 메갈리안으로서의 자아가 시작되기 위한 중심 정서로 작동한다. 남성 공포는, 두려움으로 남지 않고 승화되어야만 했다. 공포만으로는 어떠한 정치저항도 지속될 수 없기 때문이다.

윤지영은 남성 공포를 직시하고 인정하는 과정이 자연스럽게 남성공포에 저항하고 분노의 정치학으로 향하는 과정이라고 주장한다. 하지만 남성공포에 대한 인정이 언제나 분노의 불을 지필 수 있는 것은 아니다. 때로 공포심에 압도된 여성은 스스로의 몸가짐을 조심하고, 여성혐오의 질서에 더욱 적극적으로 협력하기도 한다. 남성의 보호와 통제안으로 들어가면 위협과 폭력으로부터 벗어날 수 있다고 믿기 때문이다. 여성혐오의 질서에 협력하여 개념녀의 권위를 획득하고, 남성 권력에 편승해 스스로의 안전을 보장하고자 하는 것이다.

메갈리아는 여성의 일상 전반에 침투한 남성 공포를 가시화하고, 여성의 의식 전면으로 끌어올리는 데에 몰두했다. 불법 촬영범죄 이슈, 매일같이 헤드라인을 장식하는 여성혐오적 범죄들, 독박육아나 대리효도 등의 담론은 여성혐오의 질서에 협력한다고 해도, 여성들에게 평안하고 안온한 일상이 주어지지 않을 것이라는 현실을 상기시켰다. 메갈리아는 여성은 절대로 여성혐오의 차별과 폭력으로부터 자유로워질 수 없다는 사실을 증명함으로써, 여성들이 스스로 공포의 감옥을 깨고 나오도록 유도했다.

"얼마나 어떻게 더 조심하죠?", "우리는 더 이상 더 조심할 수 없습니다", "밤늦게 돌아다니지 마라. 짧은 치마 입지 마라. 공중화장실 조심해라. 저는 뭘 더 조심해야 살아남을 수 있을까요?" 와 같은 강남역의 포스트잇 문구들은 한국의 여성들이 남성공포를 인정하고, 벗어나기로 결심했음을 보여준다. "그럼에도 우리는 계속 밤길을 걷고, 으슥한 곳에 가겠습니다. '조심'하지 않겠습니다", "뭘 어떻게 더 조심하라는 겁니까? 조심하지 않아도 괜찮은 세상을 원합니다" 라는 내용의 포스트잇에는 여성들이 남성 공포에 시달리지 않아도 되는 사회를 만들 수 있도록 분노하고 행동하겠다는 다짐이 드러난다. 이는 공포에서 분노로의 정동 변화를 명확하게 포착하고 있다. 메갈리아에서 싸운 모든 여성들은 스스로 여성혐오에 대한 공포를 직면하고 분노의 에너지로 승화시키는 과정을 겪었다.

《근본없는 페미니즘》에 수록했던 나의 경험을 다시 한 번 가져와본다.

"이미 여러 차례 목격해온 터였다. 이 사회가 여성혐오를 감히 말하는 여자들을 처단하고 침묵시키는 방식을. 한국 사회의 몇몇 남성들은 이런 여성들을 본보기 삼아 마녀사냥을 감행했고, 다른 여성들에게 공포의 입막음을 했으며, 대다수 남성들은 이를 암묵적으로 지지하거나 방관했다. 나는 호주여성에게 한국에서 페미니즘에 대해 공공연하게 말하는 여자들에게는 큰일이 난다고 답했다. (중략) 나는 두려움에 인터뷰를 거절했고 며칠 간 강남역에서 벌어지는 일들을 지켜보았다. 그런데 나를 입막음하던 극심한 공포가 어느 순간 오히려 분노와 용기로 되돌아왔다. 방송사에서 다시 연락이 왔을 때 나는 싸울 준비가 되어 있었다. "감히 떠들지 말고 입 닥치고 있으라"는 자들의 요구에, 보란 듯이 불복할 심산이었다. 떳떳하게 내 얼굴과 내 이름을 걸고, 하고 싶은 이야기를 하고 싶었다. 아무리 겁을 주고 협박을 해도, 절대 너희는 우리를 멈추게 할 수 없다는 메시지를 던지고 싶었다."

같은 도서의 또 다른 필자가 적은 경험담을 또한 보라.

"친구와 함께 변호사 면담을 마치고 돌아오는 어느 날 저녁, 술에 취해 담벼락에 노상 방뇨하는 남자를 보았다. 친구는 무례한 사람이라며 질색팔색을 했고, 나는 그 사람이 혹시 우리에게 해코지를 할까봐(두려움에) 친구의 팔을 잡아

끌었다. 그러다 걸음이 잦아들면서 불현듯 내 안의 내가 비명을 질렀다. 언제까지 이렇게 숨죽여 살 건가! 누군가 해칠까봐 조심하고 또 조심하면서 사는 게 사람의 삶인가?"

《하용가》는 디지털 성범죄에 맞서 싸운 여성들의 이야기를 그린 다큐 소설이다. 이 소설은 여성들이 공포를 분노의 힘으로 승화시키는 순간을 명확하게 포착해냈다. 평범한 일상을 사는 한 여성이 디지털 성범죄의 희생자가 된다. 두려움에 사로잡혀있던 이 여성은 일련의 사건들을 통해 피해자로 남아있기를 거부하고, 여성혐오와 맞서 싸울 것을 다짐한다.

"수치심은 나를 죽이지만 분노는 악마를 죽여. 죽지 않기 위해 나는 선택했어. 맹렬한 분노의 힘을."

이러한 다짐은 남성공포를 분노로 승화시키는 과정이 여성들에게는 차라리 생존을 위한 필사의 선택이었음을 보여준다. 메갈리안이 된다는 것은 여성혐오에 대한 공포 앞에 더 이상 숨죽이지 않고, 맞서 싸우겠다는 결연한 다짐이었다. 메갈리안이 된다는 것은 공포를 인정하는 것을 넘어서 새로운 정서와 그에 걸맞는 행동 강령들을 따를 때에만 가능하다. 그녀는 이제 분노를 통해 스스로를 재발견하고, 메갈리안의 행동 지침들을 받아들이기로 한다. 미러링 스피치를 통해 여성혐오에 맞서 싸우기로 하는 결심인 것이다.

분노하는 여성들

- 우리는 더 이상 더 조심할 수 없습니다.
- 뭘 어떻게 더 조심하라는 겁니까? 조심하지 않아도 괜찮은 세상을 원합니다.
- 위험한 '밤'에 나가는 '내' 잘못이 아냐. '위험한' 밤을 만든 '니' 잘못이라고.
- 그럼에도 우리는 계속 밤길을 걷고, 으슥한 곳에 가겠습니다. '조심'하지 않겠습니다.
- 당신의 죽음이 결코 또 다른 '한 여자'의 죽음이 되지 않도록 기억하고 싸우겠습니다.
- 우연히 살아남았어도 전혀 행복하지 않은 밤입니다. 분노하고, 행동함으로써 바꾸고 말겠습니다. 고인의 명복을 빕니다.

출처: 경향신문 사회부 사건팀 기획 《강남역 10번 출구, 1004개의 포스트잇》

두려움을 분노로 바꾸는 힘, 우리

그러나 공포를 분노로 승화시키는 결심을 세웠다고 해서 두려움이 저절로 사라지는 것은 아니었다. 끊임없이 삶을 위협하는 여성혐오에 대한 불안감은 여성들의 일상에 불현듯 찾아왔고, 차별과 폭력은 한결같이 여성들의 매일을 침범했다. 여성혐오에 정면으로 맞서 싸우기를 결정한 여성들에게는 두려워할 이유가 더 많이 생기기도 했다. 남성들이 그런 여자들을 집중적으로 겨냥해서 마녀로 만들었기 때문이다. 남성들은 분노한 여성들을 많은 사람들이 보는 앞에서 화형시키고, 본보기로 삼고 싶어 했다. 강남역 살인사건은 남성들이 집행한 마녀 화형식의 효과를 극명하게 관찰할 수 있는 좋은 사례이다.

2016년 5월 20일, 강남역 살인사건이 일어난지 3일 만에 여성들이 거리로 나와 여성혐오에 반하는 목소리를 내기 시작하자, 남성들은 곧바로 반격에 돌입했다. 강남역에 모인 여성들의 사진을 찍고, 발언하는 여성들의 신상을 털고 인신공격에 나서는 등 마녀사냥을 감행한 것이다. 당시 강남역 살인사건 추모 집회의 총괄자였던 김아영 씨는 '여성혐오 범죄 반대 추모집회 카페'를 통해 남성들이 주로 사용하는 온라인 커뮤니티에 발언하는 여성들의 실명과 사진들이 업로드되며, 이들에 대한 인신공격, 성적 모독과 살해 협박이 난무하는 실정이라고 호소했다. 익명의 한 여성은 당시 미디어에 "인터넷에서 추모현장에 나오는 여성들의 사진을 찍어 공격하겠다고 해 주변에서 모자를 쓰거나 마스크를 착용하는 것이 좋겠다는 말을 들었다"라고 인터뷰하기도 했다.* 이처럼 강남역에 나왔던 수많은 여성들이 마녀사냥의 피해자가

---

* 전소영 "강남역 살인사건 추모 물결 이어져… 나일 수도 있었다" 투데이신문 2016. 05. 20

되지는 않을까 두려움에 떨어야만 했다. 그럼에도 불구하고, 여자들은 마스크와 선글라스로 얼굴을 가리고 거리로 나왔다.

여성들이 공포를 극복하게 한 원동력은 무엇이었을까. "함께"라는 연대감이 일상을 지배하던 여성혐오의 공포를 이겨내게 했다. 메갈리아의 여성들은 저마다 이야기를 나누며 두려움이 나만의 것이 아니었음을, 불편함은 혼자만의 예민함이 아니었음을 알게 되었다. 두려움에 공감하고, 불안과 두려움을 토로할 수 있는 동료 여성들이 생긴 것은 용기가 되어 돌아왔고, 메갈리아는 여성들에게 함께 싸울 수 있는 든든한 서로의 편이 되어 주었다.

메갈리안. 안녕.

(중략)

여성이라는 사실 하나로 묶여있는 소중한 연대감을 심어주어 고맙다. 늘 혼자라고 생각하고, 외로웠고, 예민충 소리 듣던, 프로불편러였던 내가 이상한 건지, 사회 부적응자인지 왜 난 타협하지 못하는지 갈등하며 힘들어 했었는데 내가 혼자가 아니라는 걸 깨닫게 해주어 고맙다. 주변의 수많은 여성의 삶을 사랑하게 되었다.

(중략)

얼굴 본적 없지만 같이 연대하고 프로젝트 진행하고 나 자신을 있는 그대로 사랑하게 해주고 남들과 타협하지 않게 만들어준 메갈리안들. 모니터/폰 액정 너머로 너희들을 손 뻗어 안아주고 싶다. **

강남역 사건 이후 포스트잇에서 보여주는 "내가 죽었어도

** 원문의 출처는 메갈리아 사이트이다.

이상할 게 없었어요. 당신의 죽음은 곧 나의 죽음이기도 합니다"
"다른 여자 대신 우연히 살아남았습니다.", "우연히 당신이 죽었
고 우연히 내가 살아남았습니다. 살아남음이 필연이 될 때까지
나는 살아남을 겁니다", "이건 나에게 일어난 일이다", "너의 죽
음은 곧 나의 죽음이다" 와 같은 표현들은 여성혐오의 경험은 모
든 여성의 일이며, 여성혐오에 희생 당한 여성의 이야기는 그저
타인의 이야기가 아닌, 나 '대신' 희생당한 여성의 이야기라는 믿
음을 반복해서 보여준다. 나의 생존은 그저 '우연'한 결과일 뿐이
다. 여성혐오에 희생 당한 타인은 또 다른 '나'이기도 하므로, 그
녀의 이야기는 '나의 이야기가 될 일'이기도 하다.

　　이러한 믿음을 바탕으로 여성들은 연대를 다짐한다. "내가
살해당했다면 네가 이 자리 이 곳에 와주었겠지." 라는 내용의 포
스트잇은 여성들 간의 연대 속에서 '내'가 희생 당했더라면, '네'
가 다시 나를 돌봐주고 위로해줄 것이라는 확고한 믿음을 보여
준다. 그렇기에, 오늘 '나'는 '너'의 이야기에 귀를 기울이며, 여
성혐오의 폭력에 함께 맞설 것을 결심하는 것이다.

연대하는 여성들

-우연히 살아남았다. 나의 이야기가 될 일이었다.

-내가 살해당했다면 네가 이 자리 이 곳에 와주었겠지.

- 너의 죽음은 곧 나의 죽음이다.

- 이건 나에게 일어난 일이다.

- 우연히 당신이 죽었고 우연히 내가 살아남았습니다. 살아 남음이 필연이 될 때까지 나는 살아남을 겁니다.

- 여성인 누군가를 대신해서 죽은 당신을 기억하겠습니다.

- 당신은 나고, 여기 모여 있는 여성들입니다. 살아남은 것 에 죄책감을 느낍니다. 세상을 바꾸도록 노력할게요.

- 너가 나야.

- 너는 나고 나는 너다.

출처: 경향신문 사회부 사건팀 기획 《강남역 10번 출구, 1004개의 포스트잇》

분노와 혐오 사이, 그 위험한 줄타기

당시 많은 이들이 메갈리아가 남성 집단에 대한 혐오감을 촉발시킨다며 우려를 표했다. 메갈리아가 주장하고 있는 것이 "여성혐오 혐오"인지 "남성혐오"인지를 두고 의견이 분분했다. 이에 메갈리아의 여성들은 여성들의 분노를 혐오로 왜곡하지 말라고 반발했다. 윤지영을 포함한 많은 학자들이 두 정서 상태는 현상학적으로나 이론적으로 구분될 수 없는 종류의 것이라 지적했다. 이들에 따르면, 분노와 혐오 사이에 존재하는 경계는 차라리 정치적인 것이다. 분노와 혐오의 구분은 헤게모니적 질서와의 관계에서 비롯된다.

그러나, 나는 개개인의 여성이 남성혐오의 감정을 둘러싸고 불안과 혼란을 경험하는 것을 관찰했다. 많은 여성들이 초기에는 정의감과 사명감으로 메갈리아 활동을 시작하지만, 시간이 지나며 점차 메갈리아의 풍자와 해학에 매료되곤 했다. 그 과정에서 '미러링 스피치'가 놀이 문화의 일부가 되기도 했다. 미러링 스피치의 재치에 즐거워하는 자신의 모습을 보며 여성들은 혐오를 내면화하게 되는 것은 아닐까 두려워하기도 했던 것이다.

남성 집단에 대한 분노와 혐오의 감정 사이에 명확한 경계를 그려내는 것은 어려운 일이다. 누스바움^{Nussbaum}은 수많은 감정들을 그가 어떻게 느끼는지에 대한 느낌만을 가지고 구분지을 수 없다고 단언했다. 공포, 연민, 질투 등 많은 부정적 감정들이 분노와 비슷한 불쾌한 느낌을 수반한다. 그에 의하면 해당 감정들을 특징지을 수 있는 것은 느낌 그 자체가 아니라, 함께 수반되는 믿음 체계다. 이를테면, 불쾌한 느낌과 부당한 손해를 입었다는 믿음이 분노라는 감정을 정의하며, 나쁜 일들이 생길지도 모른다는 믿음을 따라오는 불쾌한 느낌은 두려움이라는 것이다. 따라서 감정을 정의하기 위해서는 해당 감정이 어떠한 정서적 맥락 속에서 일어나는지를 우선 살펴보아야 한다. 한편 밴 도어^{Janne van Doorn}는 분노와 혐오의 감정을 이론적으로 구분하고자 시도했다. 그에 의하면 분노는 타인에 의해 유발된 부당한 상황이라는 정서적 맥락을 가지고 있고, 혐오는 타인의 부정한 천성 또는 본성에 대한 감정이다. 그렇기 때문에, 분노는 "타인에 의해 유발된 부당한 상황을 바꾸거나 복원하는 데에 집중"하는 반면, 혐오는 "혐오 대상 자체를 제거"하는 데에 집중한다.

윤지영은 여기에 더 급진적인 주장을 더했다. 남성에 대한 분노와 혐오 사이를 가르는 경계는, 현상학적인 차이도, 이론적 구분도 아니다. 그것은 정치적인 것이다. 윤지영은 혐오가 누구를 침묵시키고, 배제할 것인가를 결정하는 권력이 있는 지배계급의 감정이라고 주장한다. 혐오는 현존하는 질서와 전통적인 기준과 도덕에 부합하는 감정이며, 소수의 소외된 자들에 대한 억압을 강화하고자 하는 정서 정치의 일환이다. 반면, 분노는 억압을 만들어내는 질서로부터의 파열을 의미한다고 했다. 헤게모니적 억압에 저항하며, 새로운 가치를 꿈꾸는 감정 상태가 분노인 것이다. 그렇기 때문에, 남성에 대한 여성들의 분노가 남성혐오로 발전하는 것은 애초에 불가능한 일이다.

남성혐오가 불가능한 현상이라는 결론에 이르러, 윤지영은 분노의 정치를 혐오의 정치로 읽어내는 저의가 무엇인지 반문한다. 그녀는 남성혐오라는 단어가 그 자체로 여성들의 저항을 길들이려는 시도인 것으로 읽어낸다. 메갈리아의 여성들 또한 남성혐오가 존재할 수 없다고 주장했는데 그 이유를 살펴보자.

(메갈) 남성혐오는 존재하지 않는다.

여성혐오 ≠ 개인의 혐오 감정

"저 결혼했는데! 제가 왜 여성혐오자인가요?"
"저 이성애자고 여자 좋아하거든요? 저 여혐 안 해요."
개인으로서의 감정과 사회문화적인 혐오를 혼동

여성혐오(misogyny) 여성 집단에 대한 주류 사회-문화의 혐오

여성혐오(misogyny)

"명품백?? 저년 남자한테 다리 벌리고 얻어냈구만."

"여자들은 일을 못하는데 그냥 남자 뽑는게 이득 아님?"

"그렇게 가슴파인 옷은.. 좀.. 싸보이지 않아?"

"경험 있다는 얘기는 남친한테 안하는게 낫겠지ㅠㅠ"

남성 집단은 혐오의 대상이 되지 않는다.

"여성을 향한 분노와 혐오는 여성혐오적인 문화에 기반하고 있는데, 이 것은 남성 특권과 여성 억압의 일부로써 여성성 자체를 깎아 내린다. 그러나 여성에게 있어서, 주류 가부장 문화는 이것에 비견될 만한 반남 성적 이데올로기를 제공하지 않는다…"

Allen G . J ohnson 『*The G ender Knot: Unravelling Our Patriarchal Legacy*』 p.107

개인적인 남성혐오는 존재한다.

당연히 어떤 여성이 남성 개인을 싫어할 수는 있다

하지만 그것은 남성이 사회적 혐오의 대상이라는 것을 결코 의미하지 않는다.

맨스플레인 대회도, 심지어 메르스 갤러리의 미러링조차도,

사회문화적인 "남성혐오"를 조장하는 것은 불가능

메갤의 미러링은 메갤이 아니면 절대 보거나 들을 수 없는 것들

그러나 미러링의 원본이 되는 여성혐오적 발언은

여성들이 매일같이 경험하는 혐오와 성차별

여성혐오에 비견할 수 있는 "남성혐오"는 주류 사회에 존재하지 않는다
(후략)*

　　메갈리아의 여성들은 여성혐오라는 표현이 개인의 감정을 칭하는 것이 아니라, 여성에 대한 사회문화적인 차별과 편견을 호명하기 위한 단어라고 지적한다. 그러한 맥락에서 개인적인 감정으로써 남성에 대한 혐오는 존재할 수 있지만, 사회적 현상으로써 '남성혐오'란 존재할 수 없다고 일축한다.

　　위와 같은 관점은 챕터2에서 기술했듯이 혐오발언이 기존의 취약성prior vulnerability에 기생하기 때문에, 단순한 욕설과는 차이를 가진다는 주디스 버틀러의 주장과 비슷하다. 혐오발언이 욕설과는 다른 정치적, 문화적 영향력을 가지게 되는 이유는 그것이 오랜 기간 차별받고, 희생 당한 역사에 바탕을 두고, 내면화된 차별적인 가치 체계를 상기시키기 때문이다. 예를 들자면, "더러운 호모 자식"이라는 발언이 혐오발언이 되는 것은, 사회문화적 맥락에서 내면화된 성차별적인 가치체계 때문이며, 동성애자가 역으로 "이 더러운 헤테로 자식아!"라고 맞받아친다고 해서 두 발언에 동등하게 무게를 실어서는 안 된다는 것이다. 마찬가지로 여성을 "걸레창년" 혹은 "김치년"으로 호명하는 남성의 언어와, 여성이 역으로 남성에게 "걸레창놈" 혹은 "한남충"이라

* 이 게시글은 여초커뮤니티 '여성시대'에서 가져왔다. 이미지 스크랩 형태로 '악플 달면 쩌리쩌려버려'라는 게시판에 [스크랩][흥미돋] 머리말을 달고 "남성혐오는 존재하지 않는다" 제목의 게시글이다. 원문의 출처는 메갈리아이다.

고 맞받아치는 미러링 발화가 청자에게 일으키는 효과는 극명하게 차이가 나는 것이다. 여성혐오는 개인적 악감정에 불과한 남성혐오와 비견할 수 없는 사회적 현상이다.

정서 정치의 전략적 활용

여초커뮤에 남혐심기 어렵지않음   2015-09-26 18:12:40

영업하려 하면 역효과남

나같은 경우는 작은 여초커뮤에 하루 1개씩 더도 말고 딱 한 개씩 메갈뉴스에 올라온 특히 극악한 기사 골라서 올림

대부분이 이별 살인류임 염산, 여친 살해 후 멘홀 유기 등등 아무 의견 없이 그 기사만 제목으로 쓰고 캡쳐본 올리고 링크 올리고 감ㅋㅋㅋ

그럼 이제 자기들끼리 소름끼친다면서 막 떠들음

나는 한마디도 안해도됨ㅋㅋㅋ 그래서 분탕이다 뭐다 욕먹거나 서로 싸울일 없음ㅋㅋ 그냥 나는 펙트만 보여준거니까ㅋㅋ 판단은 그들이 스스로 한거고

매일 한 개씩 딱 한달 만하면 여자애들 남혐생기더라

충격요법이고 공포세뇌라 그리 좋은 건 아니다만

이렇게 남혐 꾸준히 심어준 뒤에 지나가듯이 슬쩍 메갈스러운말 하면 반응존나 좋더라*

---

* 구글을 통해 "여초 커뮤테 남혐 심기 어렵지 않음"을 검색하면 이미지 형태로 이 게시글을 찾을 수 있다. 출처는 메갈리아로 되어 있다.

위의 매갈리아 게시물은 여성들이 정동 정치의 가능성을 이해하고, 고려하고 있었음을 짐작케 한다. 이들은 공포나 분노 같은 인간의 감정들을 전략적으로 차용해, 여성의 태도와 행동의 변화를 일으키는 데에 활용했다. "충격요법이고 공포세뇌라 그리 좋은건 아니다만"이라는 단서에서 이들이 이러한 방식의 위험성 또한 분명하게 인식하고 있었다는 사실을 알 수 있다. 그럼에도 불구하고, 메갈리아의 여성들이 정동 정치를 과감하게 활용한 이유는 정동 정치가 지닌 전략의 효과를("반응 존나 좋더라") 뚜렷하게 인식하고 있었기 때문이다.

게시글의 작성자가 남성혐오라는 단어를 활용한 방식을 보면, 메갈리아의 여성들이 말하는 남성혐오는 사실상 남성 공포에 더 가깝다는 사실을 확인할 수 있다. 이별 살인, 염산 테러, 여친 살해 등의 기사들을 인용해 이들이 유발하는 감정 상태는 혐오 감이라기보다는 공포심에 가깝다. 메갈리아는 공포와 분노, 혐오 사이의 경계를 명확하게 그려내지는 않는데, 이것은 어쩌면 그 자체로 어떤 전략적 선택일지도 모른다. 왜냐하면, 남성 청중들에게는, 남성혐오라는 단어가 공포나 분노와 같은 단어들보다 훨씬 더 강력한 위협으로 다가섰기 때문이다. 다음 글을 살펴보자.

한남들이 메갈의 미러링 전략을 너무 믿는다　　　　2016-04-27 01:00

예전에 보력 나가서 한남유충은 태어나기 전에 다 낙태시켜야 한다고 썼더니 어떤 한남충이 자들자들하면서 안심 시키려는 듯이 "걱정 마세요!

저건 다 미러링이에요!" 하고 지가 대신 해명하는 거 난 진심인데 ㅇㅇ*

위와 같은 그로테스크한 농담이 보여주는 것은, 메갈리아의 여성들은 남성들이 혐오의 수신자가 되는 것을 매우 두려워한다는 사실을 간파하고 있었다는 점이다. 남성들은 여성들이 자신을 범죄자 집단으로 일반화하거나 여성혐오에 분노하는 것보다도, 남성혐오에 빠져 자신들을 미워하게 되는 것을 더욱 두려워했다. 그러한 불안감을 떨쳐내기 위해, 메갈리아의 미러링이 진정한 남성혐오가 아닌 여성혐오의 패러디에 불과하다고 스스로를 위안했던 것이다. 위의 농담은 남성들이 가졌던 메갈리아에 대한 불안감을 정확히 파고든다.

온라인 문법은 그 특성상 게시글과 댓글 작성자들의 진정성을 불확실하게 만든다. 이길호는 《우리는 디씨》에서 온라인의 모든 것은 농담에 불과하고, 모든 게시글들은 농담인 동시에 진심이라고 평한 바 있다. 메갈리아의 여성들에게 패러디와 현실 사이의 명확한 경계를 구분하지 않는 것은, 그 자체로 하나의 전략이다. 여성들은 현실과 패러디 사이의 경계를 무너뜨려 남성 청자를 혼란스럽게 만들고자 했다. 이러한 전략의 일환으로 여성들은 메갈리아에 유료 커뮤니티가 있다는 루머를 만들어 내곤 했다. 가령 숨겨진 유료 게시판에 남성들의 누드 사진이 게시되어 있으니 원하는 사람은 결제 후 가서 확인해 보라는 식(메갈리

---

* 워마드 게시판에 2016년에 올라온 게시글인데 댓글과 함께 이미지 형태로 캡쳐되었고 이 글에서의 인용은 MLBPARK 라는 사이트 BULLPEN 게시판의 2016년 게시글이다.

아에 유료 게시판은 없고, 결제 시스템도 가지고 있지 않다)이다. 이를 통해 메갈리아는 남성 청자를 도발하고, 어떤 감정적 반응을 자극하고자 했다.

여성들이 메갈리아의 미러링을 패러디가 아닌 진정한 남성혐오라고 선언한 데에는 두 가지 다른 감정역학이 작동했다. 표면적인 측면에서는 위에서 언급했던 것과 같이 남성혐오를 두려워하는 남성 청중을 향한 전략적인 선언이다. 또 다른 하나는 그보다 더 내밀하고 사적인 곳에 존재하는 불안감이었다.

경향신문은 2016년 메갈리아 1주년을 맞아 메갈리아에서 활동했던 여성들을 인터뷰했다. 여성들은 메갈리아에서 자신의 경험을 돌아보며 미러링을 하는 것이 고통스러울 때가 많았다고 회상한다. 미러링 표현을 사용할 때마다 원본 여성혐오 발언을 떠올려야 했기 때문이다. 그러나 여성혐오를 모방해 되돌려주는 경험이 쌓이면서 혐오의 감정을 내면화하고 있는 스스로를 발견하기도 했다. 이들은 남성들이 왜 "장난, 놀이 삼아" 여성혐오를 행하는지 이해하게 되었다고 말한다. 여성혐오를 모방한 미러링 발언들에 즐거워하는 스스로를 발견하고 흠칫 놀라곤 했다고 서술한다.

메갈리아의 여성들은 혐오를 내면화하는 불안한 경험에 대해서 이야기한다. 여성혐오를 흉내내 남성들을 대상화하고, 차별을 되돌려주는 시간이 쌓이면서 여성들 스스로가 정서의 변화를 경험한 것으로 보인다. 여성들은 끊임없이 불안감과 싸웠다.

그러면서도 표면적으로는, 메갈리아는 패러디가 아닌 진짜 남성혐오를 행하고 있다는 선언으로 남성청중을 자극하고자 했다.

메갈리안의 정서 정치에 대한 에스노그라피

메갈리아는 사람의 감정을 움직이는 정동 정치에 있어서 전문가들이었다. 핸슨과 야콥슨Hansson & Jacobsson이 주장했던 것처럼, 메갈리아는 내게 '제대로 느끼는 법'을 가르쳤다. 감정을 정제하고, 온전히 느끼고, 그 에너지를 활용하라고 다그쳤다. 나는 모든 것을 더 깊고 강렬하게 느끼기 시작했다. 메갈리아가 여성들을 이끌고 간 공포와 두려움의 터널을 기억한다. 여성혐오 범죄의 피해자가 될지도 모른다는 끔찍한 불안감을 되뇌이고, 디지털 성범죄 여성들을 돕지 못한다는 것을 알게 되었을 때의 극심한 좌절감에 몸서리친다. 여성을 대상으로 한 혐오와 폭력에 믿을 수 없을 만큼 일관적인 무관심을 보여준 남성들에게 향했던 분노를 손에 꼽아본다.

그리고 나와 함께 했던 용감한 여성들을 떠올려본다. 얼굴도 이름도 모르지만 우리는 가장 내밀한 비밀들을 나누었고, 열띤 토론으로 흥분한 채 밤을 지새웠으며, 뜨겁게 서로를 응원하고 위로했다. 그렇게 우리는 손에 손을 잡고 터널을 빠져나왔다. 어둠 속에서 좌절한 여성들에게 길을 밝혀 준 것은 분노의 불씨였다. 남성 전체에 대한 두려움은, 모든 남성이 끔찍한 여성혐오의 공범이었다는 사실에 대한 분노로 바뀌었다. 메갈리아의 여성들에게는 남성 모두가 공범이었다. 소라넷의 존재, 여성의 일상을 집요하게 침투하는 디지털 성범죄, 온라인에서 남성들이 여성의 몸을 침범하고 훼손하는 방식, 모욕적이고 폭력적인 여성에 대한 호명들. 남성들은 그 모든 것을 알면서도 분노하지 않고, 여성혐오를 승인해 온 여성혐오의 일부였다.

대부분의 남성들은 사실 추악한 범죄자도 안티 페미니즘을 열렬히 옹호하는 남성 운동가도 아닌 그저 그런 보통의 남자일 것이라 생각한다. 그저 남성들 사이에 향유되는 강간문화를 별 문제의식 없이 받아들인 것 뿐이다. 그러나 한국사회를 살아가는 여성의 입장에서는 모든 남성을 두려워하고, 의심하지 않을 수 없다. 게다가 그 보통의 남자들조차도 메갈리아라면 진저리를 치고, 경멸의 눈길을 보냈다. 우리는 반문할 수 밖에 없었다. 여성혐오에는 눈을 감고, 오로지 미러링에만 분노하기로 선택한 이유가 무엇인가? 왜 온갖 강간과 성희롱, 디지털 성범죄, 폭력들이 난무할 때는 모른 체 하다가, 메갈리아에는 좌시하지 않겠다고 나서는가?

우리가 갈망했던 것은 결국 권력이었을지 모른다. 혐오 당하지 않도록 스스로를 보호할 권위와 힘이 필요했다. 가해자인 남성들이 여성에게 해를 입히고, 폭력을 가하면, 어떠한 대가를 치르게 될지도 모른다는 건강한 두려움을 가지게 되기를 바랐다. 《근본없는 페미니즘》에서 남성 유저들에 대한 명예훼손 고소를 진행하면서 적었던 글을 여기에 다시 인용한다.

"나와의 만남을 통해 그들의 세상이 하루아침에 바뀔 수 있다고 기대했던 건 아니었다. 다만, 그들의 완고하고 편협한 세계관에 아주 미약하게나마 균열이 생기기를 진심으로 기도한다. 그들이 내 얼굴을, 내 눈빛을 기억했으면 한다. 본인이 강간하겠다고 협박하고 신상을 털고 죽창으로 찔러 죽여버리겠다고 위협했던 그 여자가 버젓이 존재하며, 그들 눈앞에서 본인 입으로 직접 뱉은 그 말들을 직접 듣고 있었다는 걸 잊지 말았으면 한다. 남자에게 빌붙어 사는 김치녀라고, 원정 성매매하는 걸레라고 모욕하고 무시하던 한국여자 중에는, 남자인 그들에게 실질적인 위협을 가할 수 있는 강인한 여성도 있다는 사실을 평생 기억하기 바란다. 그리고 많은 다른 여성들이, 무례하고 잔혹한 그들에게 충분히 복수할 수 있다는 사실에 두려움을 느끼기를 바란다."

다른 많은 여성들도 이러한 마음을 공유하고 있었다. 언제부턴가 워마드는 점차 여성들을 위한 자기개발 커뮤니티로 변모해가고 있었다. 게시판은 "정상에서 만나자"라는 새로운 슬로건으로 가득 채워졌고, 이들은 여성혐오 사회에서 여성으로 살아남고 성공하는 방법을 공유했다. 참으로 신자유주의스러운 슬로건이 아닐 수 없다. 이 여자들은 국가와 사회가 여성을 보호할 것이라는 믿음을 완전히 버렸다. 안전하기 위해서는 스스로가 능력을 갖추고, 강해져야만 했다. 나는 아직도, 강해지지 않아도, 여성들이 상처받지 않고 행복할 수 있는 세상을 오히려 꿈꾼다.

메갈리아는 감정 역학의 강력한 영향력을 인식하고 있었고, 이를 활용해 정동 정치를 구사하고자 했다. 메갈리아는 공포와 분노, 그리고 혐오와 같은 감정들을 자유자재로 활용하며, 이를 이용해 여성 저항 운동을 부양하고, 남성들에게는 경각심을 일깨우고자 했다.

메갈리아는 여성혐오를 향한 공포심과 두려움을 의도적이며 전략적으로 선동했고, 여자들을 분노의 감정 상태로 끌어들였다. 여성들은 자신의 경험과 고통이 혼자만의 것이 아님을 확인하며, 연대하는 방법을 배웠고 함께 싸우기로 결심했다. 이러한 방식의 감정 궤도는 사적인 여성혐오의 경험을 우리의 것으로 만들어 내는 데 성공했다. 우리는 서로를 위해 싸웠다. 잠시 동안이나마, 메갈리아의 여성들은 승리한다.

혐오를 미러링하는 경험은, 여성들에게 끊임없이 스스로를 의심하고, 반문하고, 불안감과 죄책감을 느끼도록 했다. 남성혐오는 사회 정치적으로는 불가능한 현상이지만, 메갈리아 내부에서 활동하던 여성 개개인에게는 조금 다른 의미로서 가능한 감정적 경험이었다. 여성들은 여성혐오 발언들과 감정들을 그대로 가져와 모방하면서 내면화하는 경험을 겪었고, 그에 대한 불안감과 두려움을 동시에 느끼고 있었다.

그럼에도 불구하고 메갈리아는 여성들에게 끊임없이 앞으로 나아갈 것을 요구했다. 담론은 발전해야 한다. 여성혐오가 물밀듯이 난무하는 한국 사회에서 스스로를 돌아보고 내면을 관찰할 시간 따위는 없었다. 그런 고민에 사로잡혀있을 시간에 지금 당장 내 앞의 피해자를 구하는 것이 우선이었다. 이제 메갈리아 운동이 막을 내린 지도 한참 지난 이 시점에 이르러, 메갈리아의 윤리에 대해서 다시 한 번 고찰해보고자 한다. 여성들이 의문을 지녔던 바로 그 지점에 대해서 되짚어볼 시간을 다음 단원에서 가져볼 것이다.

Chapter 4

폭력적인 여성혐오,
더 폭력적인 메갈리아?

Chapter 4

폭력적인 여성혐오,
더 폭력적인 메갈리아?

메갈리아는 폭력적이었는가? 그렇다면 이렇게 질문을 바꿔보자. 이토 히로부미를 암살한 안중근 열사의 저항이나 항일 무장투쟁 중 발생한 폭력은 정당화 될 수 있는가. 해외의 경우 영국의 서프러제트 운동이나, 백인 경찰의 과잉 진압에 반발하여 흑인들 사이에서 촉발된 "흑인 목숨도 소중하다[Black Lives Matter]" 운동*은 폭력적인 방식인가.

---

* '흑인의 목숨도 중요하다'라고 번역되며, 줄여서 BLM으로 칭하기도 한다. 2012년 미국백인 남성이 흑인 청소년을 살해하고 2013년에 무죄로 석방된 사건이 촉매가 된 흑인 민권 운동이다. 흑인에 대한 경찰의 과잉진압과 흑인 혐오로 인한 폭력에 맞서 싸우는 것을 그 목표로 한다.

메갈리아의 여성들은 한국 여성혐오의 선봉장(이를 테면 故 성재기 씨)을 암살하지도 않았고, 총과 탄약으로 무장한 채 한국 남성을 대상으로 무력투쟁을 벌이지도, 건물을 부수거나 불을 지르지도 않았다. 심지어 길거리로 나가 화염병을 던지거나, 소리를 지르고 경찰과 몸싸움을 벌인 일도 없다. 기껏해야 한남충이라는 단어를 만들고, 한국 남성의 남근을 모욕하는 밈을 퍼뜨렸을 뿐이다. 그럼에도 불구하고, 많은 한국 남성들이 메갈리아의 폭력성에 치를 떨었다.

> @Womad_twt 워마드 womad
> 이상 안 되겠다 우리 키보드로만 미러링 하지말고 30cm 칼 들고 남자화장실에서 대기했다가 여자는 그 자리에 없고 남자만 있을 때 배때지에 칼 좀 담궈줍시다 예? 이래야 진정한 미러링 아니겠노?**

여성혐오 이데올로기는 메갈리아 미러링의 폭력성을 집중 조명한다. 하지만 텍스트 속의 폭력성을 문제 삼은 많은 남성들이 여성의 삶에 그러한 폭력이 실제로 일어나고 있다는 사실에는 오히려 침묵했다. 여성혐오적인 한국 사회는 "배때지에 칼 좀

** 워마드가 극단적이고 위험한 사상을 퍼뜨리는 남성혐오 단체임을 증명하기 위해 반복적으로 미디어에 인용되었던 트위터 내용이다. 한 예로 2018년 5월 8일 국민일보 "홍대 몰카 사건 조롱한 '워마드' 실체… 남성 혐오 커뮤니티"라는 제목의 기사에 그대로 인용되었다.

담귀줍시다" 라는 트위터 상의 허풍과 실제 여성들의 몸에 자행되는 강간과 폭력을 빗대며, "일베나 메갈이나"*라는 식으로 일축했다.**

@feministfrhell 페미각성=비혼
남성혐오는 없어. 화장실에서 기다리다가 남자만 찔러죽이는 사건, 헤어지고 남친 얼굴에 염산붓고 씩씩대는 여자, 창놈 20명 죽이고 "몸 쉽게 굴리지 말라고 본보기를 보여줬다"는 여자, 연기지도 하려고 부랄을 깨부쉈다는 여자 연기인 나오면·그때서 남성혐오 비벼볼 만함. 여성의 분노를 혐오로 왜곡하지 마라.***

---

* 김유리 " '일베나 메갈이나'를 말하는 당신은 정말로 '순진한 일반인'인걸까?" 경향신문 2016.08.02
** 워마드와 같은 반사회적 사이트를 폐쇄해 달라는 청원이 청와대 국민청원 게시판에 등장하는가 하면, 경찰은 수사망을 동원해 워마드 운영자 수배에 나서기도 했다. 한 국회의원은 "워마드 폐쇄법"을 발의했다. 그는 워마드 이용자들이 군부대 행사 도중 불의의 사고로 숨진 군인의 죽음을 비하하고 해군을 조롱하고 있다며, "워마드의 그 행태를 보면 온라인 IS다. 테러집단"이라고 역설했다.
- 이은지 "운영자가 여자라서 수배?… '워마드'와 '일베' 차이점" 중앙일보 2018.08.10
-권준영 "그들은 테러집단… 하태경, '워마드 폐쇄법' 발의한 이유[전문]" 아이뉴스 2019.05.31
*** 당시 "여성의 분노를 혐오로 왜곡하지 마라"는 제목으로 반복되어 인용되었던 한 트위터 유저@feministfrhell의 2019년 5월 16일의 트윗으로 이 구호는 후에 혜화역 시위의 대표 슬로건이 되기도 했다. 최초에 작성되었던 트위터 주소는 폐쇄되어 원문은 찾아볼 수 없고, 당시 캡처되었던 파일만 온라인에서 찾아볼 수 있다. 출처: ⟨https://www.instiz.net/pt/5508227⟩

폭력의 서사, 서사의 폭력

지금부터는 메갈리아의 폭력성이 어떻게 만들어지고 강조되었는지 살펴볼 것이다. 나는 여기에서 "폭력의 서사rhetoric of violence"와 "서사의 폭력violence of rhetoric"이라는 테리사 데 로레티스Teresa De Lauretis의 개념을 인용하고자 한다. 그녀는 폭력을 정의한다는 것은, 무엇이 폭력적이고 문제적인 것인가에 대한 이야기를 만들어내는 과정이라고 주장한다. 이것은 그 자체로 이미 정치적인 행위다. 인간 사회에서 폭력은 어디에나, 어떤 방식으로나 존재해 왔다. 엄밀히 말하자면 자녀를 훈육하고자 매를 드는 부모의 손길도 폭력이고, 범죄를 저지른 자들에 내리는 국가의 형벌 또한 폭력이다. 열악한 환경에서 제대로 된 보수도 없이, 2년간 인간 존엄성의 희생을 강요하는 군 복무 의무 또한 폭력적이다. 저녁 밥상에 올릴 소를 잡는 도축업자의 생업 역시 일종의 폭력이다. 이 중에서 무엇을 문제삼고 제재할 것인지를 규정해내는 작업은, 필연적으로 정치적인 문제일 수밖에 없다. 이것이 "폭력의 서사rhetoric of violence"이다.

여성혐오적 폭력의 서사는 메갈리아를 최우선으로 문제삼고 저지하려 했다. 그러한 정치적 목적 하에 한국사회는 메갈리아가 폭력적이라는 증거를 모으고, 폭력적인 메갈리아라는 네러티브를 생산했다. 이 작업은 동시에 다른 형태의 폭력은 모른 체하거나, 그 심각성을 은폐하거나, 정상화하거나, 또는 용서해주기로 결정하는 작업이기도 하다. 한국 사회는 "배때지에 칼 좀 담궈줍시다"라고 발언하는 여성들이 있다는 사실에 흥분하고 분개하면서, 실제 그러한 방식으로 살해당하는 여성이 있다는 사실 앞에서는 침묵으로 일관했다. 한 가지 형태의 서사가 다른 형태의 폭력을 묵과하고 지속시키는 것. 그것이 "서사의 폭력violence of rhetoric"이다.

　여성혐오 헤게모니는 여성의 일상을 침범하는 폭력은 외면한 채, 메갈리아의 폭력성을 추적하고 묘사하는 데 끈질기게 공을 들였다. 그 결과 메갈리아는 폭력적인 타자로 자리매김하게 된다. 폭력의 서사는 메갈리아의 여성들을 비난할 구실을 만들고, 죄를 덮어씌우는데 집중한다. 이러한 정치적 과정 속에서, 여성을 '향한' 폭력violence AGAINST women은 평범한 것, 일부의 것, 증명해내야만 하는 것으로 소외되고 경시되는 반면에, 여성에 '의한' 폭력violence BY women은 선별적으로 문제시되고 즉각 저지되었다.

　《일베의 사상》과 《포비아 페미니즘》의 저자이자 진보 논객으로 알려진 박가분 씨가 기고한 기사*를 살펴보자. 그는 "메갈리아 논란에 대해 알아야 할 8가지 불편한 진실"에서 여성혐오가 심각하다는 주장이 "매우 생뚱맞은 이야기"라고 일갈한다. 진보 진영이 여성혐오의 외연을 무한히 확장해 젠더이슈의 논점을 흐릿하게 만들고 있다는 것이다. 그에게 소라넷과 일베 등 온라인에서 횡행하는 여성에 대한 성폭력, 강남역 살인사건과 같은 여

---

* 박가분 "메갈리아 논란에 대해 알아야 할 8가지 불편한 진실" 미디어오늘 2016.07.30.

성 대상 살인 사건, "왜 안 만나줘"와 같은 제목의 기사로 올라오는 데이트 폭력 사건들은 "생뚱맞은 이야기"에 불과하다. 범람하는 여성혐오 사건을 생뚱맞게 여기던 박가분 씨는 "남자 성기 사이즈를 묻는 질문"이나, "한남충 불알을 터뜨리고 싶다"는 등의 미러링 발언에는 대뜸 "재미 삼아 총기 난사를 하는 것"과 같다고 비유한다. 그는 살인과 강간, 가정폭력과 데이트 폭력, 각종 스토킹 범죄와 디지털 성폭력에 대해서 이야기하는 대신, 남자 성기를 조롱하는 텍스트를 생산하는 여자들의 폭력성을 비난하기로 '선택'한 것이다. 이것이야말로 서사의 폭력이다.

2018년 7월 11일 발행된 연합뉴스의 기사 "극단 치닫는 온라인 증오 표현…혐오는 더 큰 혐오를 낳는다"라는 제목의 기사에서는 "여성혐오에 치우쳐 있던 온라인상 혐오 표현은 2016년 강남역 살인사건 이후로 이를 남성혐오 표현으로 돌려주는 '미러링'까지 등장하면서 전체 크기가 눈덩이처럼 불어났다"라고 이야기한다. 눈덩이 효과를 언급하며, 미러링이 생겨나기 이전에 있던 여성에 대한 혐오 표현들은 마치 무해한 아주 작은 눈뭉치에 불과했다는 듯한 서사를 만들어냈다. 여기에 사회학과 교수, 한국정책연구원 박사 등 전문가들의 의견을 덧붙이며, "온라인과 오프라인 모두에서 아무런 여과 없이 혐오 발언과 행위가 난무하면서 건강하게 이뤄져야 할 성평등 논의에 반작용을 불러일으킨다"는 비판적 결론에 다다른다. 문제는 이러한 비판이 여성혐오가 존재해 온 긴 시간 동안 부재하다가 메갈리아가 생겨난 이후에 와서야 급하게 만들어낸 결론이라는 것이다.

"혐오는 더 큰 혐오를 낳는다"는 구호는 여성혐오에 대한 경각심에서 나온 것이 아니다. 오히려 "너희들의 남성혐오(미러링)는 더 큰 여성혐오를 불러올 뿐이다"라는, 남성이 여성에게 가하는 경고의 메시지라고 볼 수 있다. 이러한 식의 비난은 혐오와 평등에 대한 논의 자체가 메갈리아의 등장 이후에야 수면 위로 떠오르기 시작했다는 사실을 누락하고 있다. 메갈리아가 없었다면, "혐오는 문제다"라는 식의 지극히 단순한 비평 또한 부재하였을 것이다. 한 여성이 온라인 상에 남긴 흥미로운 구절을 보자.

> 그 오랜시간을 일베들 여성혐오며 섬뜩한 단어 만들어 내면서 여성들 공격해도 별 신경 조차 안쓰던 남자들이 여성들이 저 한마디 했다고 파르르르 (중략) 그리고는 남녀 사이 좋게 살아야 하지 않겠냐며, 남혐이 생기는 이런 사태들이 우려된다며, 요즘은 한편의 코미디를 보는 듯한 느낌이다.[*]

글쓴이는 메갈리아 이전에는 여성혐오 헤게모니 내에 폭력에 대한 자정작용이 전혀 부재했다는 현실과, 비판적 시선이 메갈리아에게 일방적으로 향해있음을 날카롭게 지적한다. 여성들은 메갈리아를 폭력적인 타자로 만들어내는 여성혐오 헤게모니

---

[*] MLBPARK 라는 사이트에 "강남역 재기해 여초반응.jpg -2016. 05. 22"이라는 제목으로 업로드된 게시물에 포함된 스크린샷 이미지 내용을 인용하였다.

의 폭력적인 서사 건설을 꿰뚫어 보고 있었다.

주류 정치 서사는 메갈리아를 '여자 버전 일베'로 탈바꿈시키는 데 성공했다. 미러링은 여성혐오 역사에 대한 반성의 촉매가 되는 대신, 혐오 갈등을 촉발한다는 이유로 실패한 전략으로 비난받았다. 여성혐오라는 단어가 젠더 갈등 혹은 혐오 전쟁 등의 용어로 대체되면서, 여성혐오의 유구한 역사와 폭력성이 마치 메갈리아의 미러링 운동과 동등한 위치에 있는 것처럼 다루어졌다. 비평가들은 여성혐오가 아닌 젠더 갈등을 멈추라고 요구했다. 사회학자, 정치학자, 문화비평가, 심지어 페미니스트 학자들조차도 "혐오는 더 큰 혐오를 낳는다"고 우려했다. 이러한 식의 발언들은 여성혐오의 폭력성은 축소하고 은폐시키면서, 여성들의 저항에 폭력적이라는 낙인을 찍고, 통제하고자 한다.

한편 메갈리아를 저지하고자 하는 세력은 폭력적인 메갈리아라는 서사를 적극적으로 인용하며 여성의 저항을 죄악시하고, 저지하는 데에 악용했다. 메갈리아를 "폭력적인 메갈리아"로 탈바꿈시키는 작업은 미러링이라는 가장 강력한 무기를 빼앗고 메갈리아의 영향력을 약화시키고자 하는 시도였다. 여성들은 다시 한번 침묵할 것을 강요당하고, 그 어떤 발언도 하지 못하도록 길들여졌다.

이것이 메갈리아에 대한 서사의 폭력violence of rhetoric이다.

혜화역 시위
"내 몰카는 국산 야동, 네 몰카는 구속영장"

"유죫무죄 무죫유죄"
"동일범죄 동일처벌"
"못한 게 아니라 안 했던 거네?"
"왜 난 딸감이고 넌 피해자야?"
"내 몰카는 국산야동 네 몰카는 구속영장"
"소라넷 16년 홍대 몰카범 7일"
"기회는 남성에게만 평등할 것 입니다. 과정은 남성에게만
공정할 것 입니다. 결과는 남성에게만 정의로울 것 입니다.
한남민국"
"My Life is Not Your Porn"

출처: 혜화역 시위 당시 시위 참여자들의 시위 구호

메갈리아의 시대를 살아온 한국 여성이라면 아마 누구나
홍익대학교 남성 누드 모델 불법촬영 사건과 연이은 혜화역 시
위를 기억할 것이다. 2018년 5월 1일, 워마드에 홍익대학교 미술
대학 회화과에서 진행한 인체 크로키 수업 중 남성 누드모델을
찍은 사진이 유출되는 사건이 발생한다.(이하 홍대 사건) 이 사건
은 바로 다음날부터 각종 미디어에 대서특필 되었으며, 경찰은
당시 수업에 참가했던 학생과 모델 등 20여 명을 참고인 조사하

고, 피의자 구속, 압수수색까지 진행하는 전례 없는 수사력을 보여주었다.* 수사당국은 거기에서 그치지 않고 워마드 사이트에 댓글을 단 회원들을 추적하고, 워마드 관리자의 신원을 파악할 수 있도록 미국 구글 본사에 수사 협조 요청까지 하는 등 디지털 성범죄 수사에 대한 전무후무한 열정을 보여주었다. 디지털 성범죄와 싸워온 여성단체 '한사성'은 경찰의 여성 범죄에 대한 대대적인 편파수사에 대해 이렇게 평했다.

> "홍대 사건의 가해 집단이 네이버 실시간 검색어 1위를 하는 동안, 우리가 지원하는 여성 피해자는 포르노 사이트에서 실시간 검색어에 오르내렸다."**

분노한 여성들은 5월 11일, 청와대 국민청원에 "여성도 대한민국 국민입니다. 성별 관계없는 국가의 보호를 요청합니다"라는 제목의 청원을 올렸고, 단 이틀 만에 20만 명 이상이 이 청원에 서명했다. 10일 포털 사이트 다음Daum에는 '불법촬영 편파수사 규탄시위' 카페가 개설되어 4일 만에 회원수가 2만 명을 넘어섰다. 이 카페에서 주최한 일명 '혜화역 시위'에는 7개월간 총 36만 명이 참여(주최측 추산)하는 기염을 토하기도 한다.***

* 전정윤 "처음부터 끝까지 '홍대 몰카범 수사'는 달랐다" 한겨레21 2018.05.28
** 한승곤 "홍대 몰카 논란…여성들이 분노하는 진짜 이유" 아시아경제 2018.05.24
*** 이유진 "'불편한 용기' 올해 마지막 시위에 11만명… 불법촬영물 유통, 여성혐오 여전" 여성신문 2018.12.22

여성들 사이에서 그렇게 엄청난 분노가 터져나왔던 이유는 단순히 경찰이 여성 가해자를 특정하고 처벌했기 때문이 아니다. 그간 정부가 디지털 성범죄를 방관하고, 수없이 많은 여성 피해자들의 희생을 조직적으로 방치해온 것임이 분명해졌기 때문이다. 홍대 사건은 한국 사회에 여성을 동등한 시민으로서 보호하고자 하는 의지가 부재한다는 사실을 깨닫게 하는 중대한 사건이었다. 이와 같은 문제의식은 "못한 게 아니고 안 했던 거였네", "왜 난 딸감이고 넌 피해자야", "내 몰카는 국산야동, 네 몰카는 구속영장", "소라넷 16년, 홍대 몰카범 7일", "유좆무죄 무좆유죄" 등의 구호로 발현되었다.

199쪽의 이미지는 여성혐오적 서사가 강조하고 비판하고자 하는 메갈리아 텍스트의 폭력성과, 실제 여성들의 일상에 자리잡고 있는 여성혐오의 폭력을 도식화하여 비교한 이미지이다. 이 이미지는 반(反) 명예훼손 연맹Anti-Defamation League에서 개발한 '혐오의 피라미드'라는 개념을 차용하여 구성되었다. 이 자료는 소외계층이 일상적으로 경험하는 차별과 혐오를 그 정도의 심각성에 따라 나누어 보여주고 있다. 피라미드의 아래쪽에 일상에서 사용하는 사소한 언어적 차별에서부터 시작하여, 점차 피라미드의 위쪽으로 갈수록 극단적인 혐오와 위험한 폭력으로 발전하게 되는 것을 볼 수 있다.

메갈리아의 여성들은 혐오의 피라미드를 반으로 나누어 한쪽에는 여성혐오를, 다른 한쪽에는 미러링 텍스트가 만들어낸

혐오의 피라미드로 보는
남성혐오 vs 여성혐오

레디즘 http://cafe.daum.net/ladism
남성혐오 ◀◀◀◀

제노사이드
의도적이고 시스템적으로 한 인종을 말살 시키는것

▶▶▶▶ 여성혐오

― 여아낙태

개인에 대한 극단적 폭력 행위
살인, 강간, 방화

집단 강간, 염산 테러,
부인, 여친 살해

폭력적 행위
기물 파손, 협박
폭행, 테러리즘, 훼손 (특히 무덤 혹은 신성한 것)

리벤지포르노,
스토킹, 가정폭력

?

구조적 차별
괴롭힘, 고용에서의 차별,
사회적 배제, 주거지 차별, 교육에서의 차별

취업 및
승진 차별
(유리천장)

차별과 편견적 행위
희생양 만들기, 모욕/경멸적 인사, 비웃음, 사회적 기피, 비인간적 대우

성녀, 창녀로
이분화
모성숭배

남성외모비하,
한남충

교묘한 차별적 행위
스테레오타입, 개그, 주머, 비슷한 생각을 가진 사람들과의 대화,
부정적 정보는 받아들이고 긍정적 정보는 차단, 몰이해한 발언

김치녀, 김여사,
여성외모비하

워마드에서 파생된 카페 <레디즘>에 게시된 그래프로 2016년 5월 23일 <프레시안>
전홍기혜 기자의 "강남역 살인사건, '남성혐오' 걱정말라!"에 소개되었다.

가상의 남성혐오를 채워 넣어 비교했다. 피라미드의 오른쪽을 보면, 맨 아래칸에서부터 맨 위칸까지 차곡차곡 여성들이 수 세기 동안 겪어온 차별과 폭력이 뚜렷하게 드러나는 것을 확인할 수 있다. 반면 남성혐오의 경우, 여성혐오를 미러링한 텍스트 이외에는 실질적 혐오와 폭력의 사례가 전무하다는 사실이 여실히 드러난다. 이 피라미드는 남성들이 규탄하는 남성혐오와 실질적 여성혐오에 의한 폭력 간의 간극이 얼마나 큰지를 생생하게 보여준다.

메갈리아의 여성들은 우리 사회에 누가 무엇을 폭력이라고 정의하고 있는지를 전면적으로 재검토할 것을 요구했다. 메갈리아에서 사용되는 과격한 미러링 언어 너머를 본다면, 메갈리아를 비난하고 묵살하는 여성혐오 사회의 정치적인 의도를 파악할 수 있을 것이다. 여성혐오 헤게모니는 한국 사회에 만연하는 여성혐오의 폭력성과 위험성은 간과하거나 은폐하고, 메갈리아의 과격한 방식만을 선별적으로 문제삼았다. 그렇기 때문에 여성들의 입장에서, 평화적이고 비폭력적인 운동에 대한 요구는 메갈리아의 저항을 길들이고자 하는 시도에 불과한 것으로 여겨지는 것이다. 이렇게 여성들은 메갈리아에 대한 서사의 폭력^{violence of rhetoric}에 맞서 메갈리아가 비추고자 했던 원본, 여성혐오의 폭력성에 대해 지속적으로 이야기했다.

오명을 뒤집어 쓴 메갈리아 그리고 '메갈방패'

여성들은 메갈리아가 폭력적이라는 여성혐오적 서사를 역이용하기도 했다. 여성혐오 헤게모니가 만들어낸 메갈리아의 극단성, 과격성, 폭력성에 대한 서사를 오히려 협상의 도구로 사용하자는 것이었다.

메갈리아의 여성들은 스스로 '과격하고 폭력적인 여성운동'이라는 오명을 뒤집어 쓰는 것이 다른 여성들에게 말하고 행동할 수 있는 범주를 넓히는 효과를 불러온다고 믿었다. 이를 두고 "메갈방패"라 부르며, 메갈리아 바깥의 여성들이 일상 속에서 "나는 적어도 메갈리아는 아니니까, 이 정도는 말하고 행동해도 되지 않나요?" 라는 식으로, 여성혐오에 저항하고 말하고 행동할 수 있는 반경을 넓혀나갈 것을 권유하였다. 이는 정신과 의사이자 흑인 인권운동가였던 프란츠 파농Franz Fanon이 흑인 인권운동을 폭력적 운동과 비폭력적 운동으로 나누어 묘사한 설명과 비슷해 보인다.

> "식민지 국가에서 교육받은 엘리트 세력은 식민지 제국과 정교한 정치 협상을 벌이며, 혁명론자들의 무식하고 폭력적인 방식을 비판하곤 했다. 하지만 결국 그들이 앉아있는 평화로운 협상 테이블은 혁명주의자들이 불러일으킨 극단적 폭력의 위험 덕분에 주어진 기회임을 잊어서는 안 될 것이다"
>
> 출처: 《*The wretched of the earth*》 Grove Press 2021.

그녀들은 메갈리아가 급진적이고 위협적일수록, 더 많은 여성들에게 협상 테이블의 자리가 내어질 것이라고 믿었다. 그래서 메갈리아는 "급진적 행동대장"이 되기를 자청하면서, 여성들에게 "그 길로 우아하게 지나다니면서 꽃 피울 것"을 제안한다. 메갈리아의 과격하고 폭력적인 운동 방식 덕분에, 많은 여성들에게 상대적으로 더 온건한 방식으로 저항할 수 있는 공간이 생겨났다.

2030 나이대의 여성들이 주로 이용하는 온라인 커뮤니티인 '여성시대'에 여러 차례 공유되었던 "서프러제트, 메갈리아 그리고 토끼" 라는 제목의 네이버 블로그 게시물을 살펴보자. 작성자는 비폭력 흑인 인권 운동가인 마틴 루터 킹과 폭력적인 과격 시위를 주도했던 말콤 엑스를 비교하며, 마틴 루터 킹의 비폭력 운동은 역설적으로 말콤 엑스의 존재 덕분에 승리를 거둘

수 있었다는 점에 주목한다. 평화적 여성운동으로 시작한 영국의 서프러제트 운동 또한 "말이 아닌 행동"이라는 슬로건 아래 무력 저항으로 노선을 바꾸고 나서야 실질적인 성과를 이루기 시작했다. 그는 이어 '나는 페미니즘을 지지하지만 메갈리아는 지지하지 않는다'는 말은 '과격한 서프러제트는 평화적인 서프러지스트에게서 배워야 한다'는 말과 맥락이 유사"하다고 비판한다.[*] 페미니즘을 지지하지만 메갈리아는 지지하지 않는 남성들의 존재는 메갈리아의 전략이 성공했다는 사실을 입증한다.

홍대 사건이 폭력적이라는 남성들에게 메갈리아는 다음과 같이 묻는다. 왜 그동안 디지털 성범죄의 수많은 여성 피해자 사건들에는 침묵했는가. 소추, 6.9 등의 표현이 과격하고 저속하다는 남성들에게 메갈리아는 또 묻는다. 왜 그동안 여성들을 허벌보지[**]나 거유[***] 등 조각난 신체 부위로 호명하고, 등급을 매기는 행위에는 방조하고 동조해왔는지. 메갈리아의 폭력성을 이야기하는 남자들에게, 여성들은 미러링이 비추는 여성혐오의 폭력에 대해서는 이야기하지 않는 이유가 무엇인지 반문하기 시작했다.

메갈리아는 스스로 말콤 엑스가 될 것을 자처하였고, 자신들의 과격한 운동으로 더 많은 여성들의 온건한 목소리가 받아

---

[*] "서프러제트, 메갈리아 그리고 토끼", 〈https://m.blog.naver.com/unheimlich1/223093747351〉
[**] 허벌보지: 성관계시 남성에게 충분한 성적 만족감을 주지 않는 여성의 성기들을 비하하여 이르는 말
[***] 거유: 거대한 유방을 지칭하는 줄임말

들여질 수 있기를 바랐다. 따라서 메갈리아의 저속함, 과격함, 폭력적인 성격을 단순한 폭력에 대한 선호 정도로 해석해서는 안 될 것이다. 이 여성들은 폭력적인 메갈리아라는 오명을 앞장서서 뒤집어 쓰면서, 더 많은 여성들이 목소리를 내고 행동할 수 있는 길을 트고자 했다.

Chapter 5

비도덕적이고 비윤리적인, 메갈리안

비도덕적이고 비윤리적인, 메갈리안

옳고 그름, 선과 악, 정의로움에 대한 가치판단은 고도로 주관적이고 철학적인 성찰이다. '트롤리 딜레마'의 예를 보자. 당신은 한 열차의 기관사다. 열차가 지나가는 선로에 다섯 명의 인부가 묶여 있다. 열차가 계속 직진하면, 다섯 명의 인부는 죽게 된다. 당신은 선로 전환기를 이용하여 열차의 방향을 틀고 다섯 사람의 목숨을 구할 수 있다. 하지만 당신의 선택은 반대편 선로에 서 있던 다른 한 사람의 목숨을 앗아가게 된다. 당신은 어떤 선택을 할 것인가? 또 다른 예를 들어 보자. 열차가 달려오고 있고, 선로 위에는 다섯 명의 인부가 묶여 있다. 이번에 당신은 선로 밖에 체중이 많이 나가는 사람과 함께 서 있다. 이 사람을 선로 안으로 밀어 열차와 충돌하게 만들어 버리면 그 무게 때문에 열차는 멈추고, 선로에 묶여 있는 다섯 사람을 구할 수 있다. 그러나 다섯 명의 인부 대신 당신이 밀친 사람이 죽게 될 것이다. 어떤 선택이 더 선한가, 혹은 덜 악한가? 세 번째의 경우를 예로 들어 보자. 선로 위에는 한 사람만이 묶여 있다. 이 사람은 멸망하기 직전의 지구를 구할 수 있는 기술을 가진 유일한 과학자다. 그를 구하지 않으면, 지구는 멸망할지도 모른다. 반대편 선로에는 다섯 명의 인부가 묶여 있다. 당신은 여기에서 누구의 목숨을 희생해야 한다고 보는가. 이처럼 극단적인 상황에서 어떤 선택이 정의로운가를 결정하는 일은 어려운 문제다. 1970년대부터 수많은 철학자들의 윤리학적 논증에도 불과하고 이렇다 할 만한 해답을 제시하지 못한 난제이기도 하다.

메갈리아 담론의 옳고 그름을 논하는 일도 윤리적 난제에 속한다. 예를 들어, '똥꼬충'이라는 혐오단어를 받아들임으로써 촉발되는 사회적 해악이, 게이 커뮤니티 내 여성혐오의 자정을 촉구하는 사회적 이득보다 더 중요한가? 여성혐오를 꼬집고 지적하는 "재기해"라는 표현의 사용이 여성혐오를 방임하고 묵과하는 행위보다 더 윤리적인가? 이러한 문제들에 대한 가치 판단은 오늘날 어느 한 개인이 명쾌하게 답할 수 있는 단순한 내용이 아니며, 이는 저자가 다루고자 하는 내용의 범위를 벗어난다. 게다가 메갈리아의 입장에 대한 일관성 있는 도덕적, 윤리적 해석을 내어놓기란 애초부터 불가능하다. 메갈리아 내부에서도 다양한 담론이 제시되었고, 메갈리아의 여성들조차도 모든 담론에 서로 동의하지 않았기 때문이다.

따라서 여기에서는 메갈리아 담론이 지닌 도덕적. 윤리적 정당성의 유무를 논하지 않을 것임을 명시하고자 한다. 그러한 결정은 결단코 그 문제가 사소하거나 중요하지 않아서가 아니다. 다만 이 책에서 다루려는 문제가 그처럼 복잡하고 난해한 논쟁에 의해 가리워지지 않기를 바라기 때문이다.

이 책이 진정으로 다루고자 하는 바는 메갈리아에서 파생된 논쟁들이 도대체 어떤 맥락에서 시작되었는지에 대한 것이다. 인류학자로서 나의 역할은 메갈리아 내부에서 도덕적, 윤리적 논란이 생겨난 지형을 세밀하게 관찰하는 일일 뿐이다. 나아가 이 책은 메갈리아의 여성들이 도덕적. 윤리적 갈등을 다루었던 방식에 대해서 상세하게 묘사한다. 개별 담론에 대한 도덕적, 윤리적 판단은 독자들에게 맡기도록 하겠다.

도덕과 윤리

먼저 도덕과 윤리의 개념 차이를 짚고 넘어가자. 아서 클라인먼 교수는 도덕morality이란 지역적인 개념으로 한 사회 내부에서 "옳고 그르다는 느낌sense of right and wrong"을 지시한다고 정의했다. 그에 의하면, 도덕이란 한 사회 내부에서 경험적으로 이해되고 구성되는 어떤 것이며, 그 사회의 구성원들이 추구해야 할 가치와 규범들을 규정하는 데에 중점을 두고 있다고 한다. 그는 도덕적인 것이 반드시 윤리적이지는 않을 수 있음을^{the moral may be unethical} 강조했다.

도덕이라는 개념은 그 사회 내부의 헤게모니를 반영하기 때문에 때로는 그 사회의 위계질서를 유지하고 강화하는데 악용되기도 한다. 예를 들어, 조선시대 사회는 여성들에게 삼종지도라는 도리를 따르도록 강요했다. 여성은 친가에서는 아버지를 따르고, 결혼해서는 남편을, 늙어서는 아들을 따라야 한다는 것이다. 이러한 관습은 오늘날까지도 이어져 결혼한 여성은 남편의 부모를 잘 섬기고 모셔야 한다는 도덕 원칙으로 여성들의 삶에 군림하고 있다.

특정 사회 내부의 헤게모니적 속성을 가진 도덕 담론과는 상반되게, 윤리^{Ethics} 담론은 하나의 사회를 넘어선, 보편적이고 학술적인 이론과 원칙을 수립하고자 하는 목적을 가진다. 하지만 오히려 그렇기 때문에, 개인이 겪는 일상의 경험과는 거리가 있는 경향이 있다. 페미니즘 윤리가 여성들의 일상적 고민과는 거리가 먼 담론들을 다루며, 일반적인 여성들이 이해하기 어려운 언어로 논의되곤 한다는 점이 그 예가 될 수 있겠다. 최근 페미니즘의 화두로 떠오르고 있는 교차성이나 젠더 이론이 그렇다. 대부분의 여성들이 고민하는 문제는, 나를 사랑하지만 폭력을 휘두르는 아버지, 사랑을 빙자한 폭력이나 집착을 일삼던 전 남자친구와 같이 사소한 일상의 문제들이다. 일반적으로 여성들은 교차성 이론에 따른 자신의 특권이나 젠더 이론에 입각하여 성 정체성을 전복시키는 과업 따위를 숙고하지는 않는다.

대부분의 사람들이 상황과 맥락에 따라 달라지는 유연한 가치관을 가지고 다양한 상황에 대처하는 반면, 윤리이론은 거스를 수 없는 절대 원칙인 것처럼 존재한다. 예를 들면, "페미니즘은 평화적이고, 정치적으로 올바르며, 포용적이어야 한다"는 명제가 그렇다. 아서 클라인먼은 이를 "윤리 원칙은 도덕적 경험과는 무관하게 존재할 수도 있다"고 요약한다.

이어서 여기에 나는 중요한 개념을 하나 더 빌려오고자 한다. 자렛 지곤Jarett Zigon이 제안한 "가치붕괴의 순간" 이라는 개념이 그것이다. 지곤이 말하는 가치붕괴의 순간이란 다음과 같다. 대부분의 사람들은 아무런 의심 없이 주어진 도덕과 윤리 이데올로기를 그대로 받아들이고 살아간다. 어떤 이들은 당연하게 여겨지던 도덕과 윤리를 의심하게 되는 계기를 맞닥뜨리고, 주어진 헤게모니에 의문을 던지고 사유하기 시작하기도 한다. 이미 정립된 기존의 도덕 원칙이나 윤리 이론에 문제의식을 갖기 시작하는 현상을 그는 가치붕괴의 순간이라고 정의하였다. 도덕과 윤리를 비판적으로 사고하는 자는 가치붕괴의 순간을 맞닥뜨리고 기존의 도덕원칙이나 윤리이론에서 벗어나 주체적인 가치 체계를 정립할 수 있게 된다.

한국 사회는 메갈리아가 도덕과 윤리를 거부하고 가치를

상실한 집단이라고 단정지어 버렸다. 그러나 메갈리아는 누구보다도 치열하게 도덕과 윤리를 사유하고 여성 주체적인 가치를 추구한 집단이다. 메갈리아 내부의 담론을 세밀하게 살펴보면, 한국 여성들에게 메갈리아는 그 자체로 거대한 가치붕괴의 순간이었다는 것을 알 수 있을 것이다. 메갈리아의 여성들은 한국 도덕 원칙의 모순을 폭로하고 페미니즘 윤리의 한계를 발견했다. 주어진 도덕과 윤리에 비판적 문제의식을 가지고 저항한 여성들은 나아가 여성주의적 가치를 주체적으로 정의해내고자 했다.

여성혐오적 도덕의 발견

작성자: imgp****　　　　　　　　　　　2016.07.04 오전 2:26

사실상 우리나라 남자들이 바라는 거 별거 없습니다. 나는 콘돔 안 낄 거지만 여자는 낙태하면 안 되고, 내 아내는 칼퇴해서 애 봐야 되지만 내 옆자리 여직원은 칼퇴하면 안되고, 남자가 임금은 더 받아야겠지만 여자들은 경제적으로 똑같이 부담해야되고, 나는 애 안 볼 거고 집안일도 안 할 거지만 여자는 맞벌이하면 됩니다. 그리고 성범죄는 조심 안 한 게 잘못이지만 뒤에 모르는 남자가 쫓아와도 경계는 안 하면 되는 거 아니겠습니까?*

---

* 출처를 정확히 알 수 없는 이 글은 캡처 이미지 형태로 여러 사이트에서 발견된다. imgp**** 로 표시되는 작성자가 2015년 7월 4일에 작성한 댓글로 보인다.

한국 사회의 도덕은 사회 내부의 여성혐오 헤게모니를 그대로 반영한다. 여성혐오적 도덕은 임신중단을 결정하는 여성들을 비난하지만, 피임을 거부하는 남성들에겐 책임을 묻지 않는다. 여성에게 가정과 육아를 위해 커리어를 희생하라고 요구하는 동시에, 여성들은 남성들만큼 열심히 일하지 않는다며 비난한다. 한국 사회는 또한 여성들에게 더치페이로 평등을 증명하라 요구하지만, 정작 성별 간 임금격차 문제에는 침묵한다. 여성에게 강간 당하지 않도록 조심할 것을 요구하면서도 모든 남성을 잠재적 강간범으로 몰지는 않을 것을 강조한다.

여성혐오적 도덕은 강간은 조심하지 않은 여성의 탓, 임신중절은 헤프게 몸을 놀린 여성의 죄, 임금격차는 열심히 일하지 않은 여성의 잘못이며, 데이트 폭력은 맞을 짓을 한 여성이 스스로 자초한 결과라고 결론짓는다. 여성혐오적 도덕은 여성들의 일상을 통제하고 죄를 뒤집어 씌우면서, 남성의 탈선에는 면죄부를 주고 무죄를 선언했다. 이러한 도덕 정서는 여성혐오 헤게모니를 유지하고 강화하는데 악용되었다.

윤지영에 의하면, 한국 여성들은 "한국에 태어나기만 해도 김치녀, 커피만 사 먹어도 된장녀, 남자친구에게 생일선물만 받아도 보슬아치, 아이를 낳으면 맘충, 운전을 하면 김여사로 촘촘한 혐오의 그물망에 포박"되어 언제나 유죄일 수밖에 없는 삶을 살게 된다. 한국사회의 도덕규범은 차별 당할 만하고, 혐오 당할 만하며, 맞을 만하고, 강간 당할 만하며, 죽을 만한 존재로 한국 여성을 규정했다. 이러한 관점은 여성을 무력하고 침묵하는 존재로 만든다. 여성들은 차별과 폭력, 혐오에 노출되더라도 스스로가 정교한 도덕의 그물망을 벗어났기 때문인 것으로 여기며 별다른 저항 없이 희생되었다.

메갈리아는 여성혐오적 도덕을 폭로하고, 그 모순에 정면으로 반박하며 이를 깨부수려 했다. 메갈리아의 여성들은 여남 간 불공평하게 적용되는 도덕적 기준을 일컬어 "이중좆대"*라 호명해 내는데 성공한다. 뿐만 아니라, "도덕 코르셋"이라는 개념을 만들어 여성을 구속하는 한국적 도덕관념의 부당함을 비판했다. "코르셋"이라는 단어는 한국의 도덕 정서가 마치 코르셋처럼 여성의 몸을 억압하고 행동을 통제하는 도구로서 사용되고 있음을 절묘하게 포착해 낸다. 여성혐오적 도덕 원칙들은 한국 사회가 여성에게 부과한 현대판 "코르셋"이며, 여성들은 이제 코르셋을 벗어 던지고 자유로워져야 한다는 것이 그녀들의 주장이었다.

메갈리아는 조직적으로 여성혐오적 도덕을 폭로하고 거부하며, 도덕 원칙으로부터 해방을 요구한 여성 주체다. 이들의 저항 정신은 "도덕 버려"라는 도발적인 구호로 발현된다. 메갈리아가 여성혐오적 도덕을 문제시problematize하기 전까지 여성혐오는 너무나 당연하고 정상적인 것normalized으로 여겨졌다. 초기 메갈리

---

*이중잣대에 남성의 성기를 빗댄 '좆'이라는 단어를 합친 은어이다. 여성들에게만 불합리하고 차별적인 잣대를 요구하는 남성들을 희화화 하고자 한다.

아는 여성혐오 도덕이 지닌 문제점을 지적하고 비판하는 일에 집중했다. 한 사례로, 2015년 교육부가 제공하는 성교육 자료집에 데이트 성폭력의 원인으로 '데이트 비용의 불균형'을 꼽은 사례가 있다.[*] 여성이 비용을 나누어 부담하지 않기 때문에 데이트 폭력이 발생한다는 것이다. 메갈리아에서 이 부분을 조직적으로 문제 삼고 공론화하자, 이후 교육부는 해당 내용을 정정하겠다는 보도자료를 낸다. 메갈리아의 여성들은 이처럼 여성혐오 도덕을 폭로하고 해체하기 위한 집단적 움직임을 논의하고 기획하였다.

　　메갈리아 여성들의 주도로 강남역에 게시된 몰카 방지 광고는 메갈리아의 활동이 한국 사회의 도덕정서에 가치 붕괴를 일으키고 실질적 변화를 가져온 대표적인 사례이다. 단순하면서도 강렬한 문구를 통해, 메갈리아는 여성들에게 몰카가 "찍히지" 않도록 조심하라고 요구할 것이 아니라, 몰카를 "찍지" 않도록 가해자인 남성을 제재해야 한다고 주장했다. 이 광고가 나오기 이전까지 공익광고의 대부분은 불법촬영을 조심하라는 여성들을 향한 경고의 메세지였다. 해당 광고 이후, 공익광고 대부분이 몰래카메라는 처벌 대상인 범죄행위라는 사실을 명시하는 내용으로 바뀌는 쾌거를 이루었다.

　　"창녀"라는 단어는 성구매자가 있기 때문에 성판매자 또한 존재할 수 있다는 사실은 은폐한 채, 성을 파는 여성만을 호명하

[*] 윤지영 "현실의 운용원리로서의 여성혐오 : 남성공포에서 통감과 분노의 정치학으로" 철학연구 제115집 2016.

출처: 이 사진의 출처는 정확치 않으나, 여러 커뮤니티와 SNS에 공유된 사진이다. 메갈리아 유저가 최초 게시한 것으로 추정되며, 국민일보 2016년 3월 3일자 "몰래 찍는데 어떻게 조심합니까" '경찰 안내문 논란'이라는 제목의 기사의 내용에도 사용되었다.

제공: 신분당선 안전관리팀

출처: 아카이브 투데이 〈https://archive.md/eGxFx〉

고 비난한다. "창녀"라는 호명은 또한 여성을 창녀와 창녀가 아닌 여성으로 이분법화하여, 여성들 스스로 창녀가 아님을 끊임없이 입증하도록 만들었다. 메갈리아의 여성들은 여성혐오적인 도덕의 프레임에서 벗어나 여성에게만 지워진 도덕적 책임을 남성에게 묻기를 제안한다.

> 일반적으로 여초에서 "창녀가 일반 여자보다 더 깨끗해!"
> 이런 소리를 하면
> "그럼 깨끗한 창녀랑 결혼해"
> "걸레가 빨아봤자 걸레지"
> "창녀랑 사귀어 끼리끼리 ㅇㅇ"
> 여성은 스스로를 성녀/창녀로 나눈다.
> 창녀를 사는 남성은 창남/정상남으로 분류되지 않는다.

창녀와 창남은 때려야 뗄 수가 없는 관계이다.

창녀는 생계형 창녀, 사치형 창녀, 원정녀, 오피녀 등 수많은 이름이 있다.

창녀 구분법도 수십 가지가 있다.

여성들은 '싸보이는 옷'을 입지 않으려고 한다.

하지만 성구매 남성은 오직 '창남' 뿐이다. 창남 패션이나, 창남처럼 보이지 않으려는 남자는 없다.

(중략)

그럼 이 프레임을 깨려면 어떻게 해야 할까?

"창녀가 일반 여자보다 더 깨끗해!" 이런 소리를 하면

"뭐 어때 창남보다 더럽겠어?"

"니들이 제일 더러워 3초찍 창남"

"자궁경부암 옮기지마 창남새끼"

"창남은 오피가느라 돈도 못 모은다며?"

"얼마나 찌질하면 여자를 돈 주고 사?"

"쟤 지금 지가 돈 주고 여자한테 대주고 다니는 걸레라고 말한거?"

(중략)

이렇게 효과적으로 창남을 퇴치할 수 있다.

출처: 메갈리아 저장소 〈https://archive.md/wEGNE〉

메갈리아의 여성들은 창남의 존재를 호명해 내며 여성과

동등한 도덕적 의무를 남성에게도 부여한다. 더 많은 사례는 챕터2의 도덕성의 역전 부분에서 찾아볼 수 있다. 메갈리아는 이처럼 여성혐오 사회가 여성들에게 일방적으로 강요해온 도덕 헤게모니에 저항하고, 해체하여 도덕 코르셋으로부터 여성들의 자유를 되찾고자 했다.

도덕 코르셋의 본뜻은 〈도덕적 기대치가 높다는 것〉이다.
2020.01.14

이 글을 쓰게 된 이유: 도덕 코르셋이란 다섯 글자에 반감 사고 본질을 들여다 볼 생각이 없는 사람들에게 시선을 제시해 보기 위함.

도덕적 기대치가 높다는 게 뭔데?

예를 들면 이런 것임. 같은 짓을 해도 여자가 더 큰 벌을 받는다던가, 여자는 별것도 아닌 일에 욕 먹는다던가.

(중략)

이 글을 읽으면 알 수 있겠지만 개개인의 일이 아니라 우리의 성별과 직결된 문제야. 내가 윤리 의식을 높인다는 게, 내가 더 나은 사람이 되기 위함에서 비롯된다 할지라도 이미 우리는 〈착한 여자〉 프레임에 갇혀 있기 때문에 모든 여자가 착해야 한다는 의식에 보탬이 된다는 것임.

그래서 뭐? 하던 거 그만하고 나빠지라고?

이런 단순한 사고를 위한 글이 아니야. 하던 거 방해하려는 의도 없고 이미 자신에게 탑재된 지킬 건 지키자는 항목들을 파괴하라는 소리도 아니야.

(중략)

저희가 실수할 수도 있거든요 언젠가는. 그럴 수 있지-라고 넘어갈 수 있는 그런 넓은 마음을 가져 주셨으면. 어느 순간 정신을 차려보면 이나라는 여자가 잘못하길 기다리고 있다는 생각이 들 때가 있거든요. 그냥 모두가 여성의 실수를 기다리는 것 마냥, 여자가 한 번 삐끗하면 일어나는 일들을 보면은 (후략)[*]

현실성 없는 페미니스트 윤리

잘 쓰여진 페미니즘 논문을 읽다 보면, 마치 프로 펜싱 경기를 보는 것 같은 느낌을 받곤 한다. 펜을 든 여성학자가 고도로 단련된 기술로, 거대한 여성혐오 이데올로기를 우아하게 찌르고 공격하는 광경이 그려진다. 페미니즘 문헌 속의 고상한 문장들은 금방이라도 여성혐오를 물리치고 "Attaque"를 외치며, 페미니즘 윤리의 철학적 우월성을 입증할 수 있을 것만 같다. 문헌 속에서 페미니즘의 적은 여성혐오이지, 남성이 아니다(아니어야만 한다). 페미니즘이란 이데올로기 싸움일 뿐이다. 고상한 이데올로기 경기장 안에 "갈보", "보확찢", "보전깨"와 같이 저급하고 너저분한 이야기들은 대게 희석되거나 생략되고 만다. 마치 여성들이 실제 일상에서 맞닥뜨리는 대부분의 여성혐오가 이처럼 상스럽고 천박한 방식이라는 사실은 덜 중요한 것처럼. 우아하고 윤리적으로 정교하게 펼쳐지는 페미니스트 이론과는 별개로, 실제 여성들의 싸움은 그닥 아름답지 못하다.

일부 한국 남성들은 여성들의 얼굴과 다리, 유방과 보지를

---

[*] 이 게시물은 여초커뮤니티 '여성시대'의 '악플달면 쩌리쩌려버려'에서 가져왔다. 원문은 쭉빵카페에 있는 것으로 표기되어 있으나, 최초 작성 게시물을 확인하기 어렵다.

찍어 포르노 사이트에 공유한다. 나머지 일부 남성들은 피해 여성을 포르노로 소비하며, 조롱하고 모욕한다. 또 다른 일부 한국 남성은 '여성이 나를 무시한다'는 이유로 여성을 무차별로 찔러 죽이기도 한다. 어떤 일부 한국 남성들은 어린 여자 아이들을 성 노예로 만들어 몸에 상처를 내거나 모욕적인 글씨를 새기게 만든다. 이들은 어린 여자 아이들에게 화장실 바닥을 핥고, 자위하는 영상을 찍어 보내도록 강요하기도 한다.[*]

이처럼 한국 여성들의 일상을 침범하는 여성혐오는 불가항력적인 정치적 억압이나 활자 속의 이데올로기, 시스템 속에 숨어 있는 구조적 차별이 아니다. 여자 화장실 변기 속에 카메라를 숨기는 동료 "남성", 포르노 사이트 어딘가 떠돌고 있는 내 친구의 동영상을 유포한 "남자" 친구, 늦은 밤 내 뒤를 따라오는 의문의 "남성", 술에 취해 동료 여성 직원들을 접객원 취급하는 "남성" 상사, 여성들을 외모로 줄 세워 순위를 매기고 누구는 따먹고 싶고 누구는 줘도 안 먹는다는 이야기를 농담으로 주고받는 "남성" 동기들이 바로 여성혐오다. 한국 여성들에게는 "한남충"이 곧 여성혐오인 것이다.

이에 반해, 최근 페미니즘 학계의 맨박스 이론은 남성 또한 가부장제의 피해자일 뿐임을 강조한다. 여성혐오라는 이데올로기만이 이 사회가 놓은 거대한 권력의 올가미이며, 남성과 여성

---

[*] 추부길 "[논편] n번방 사건의 진실, 차마 입으로 담기도 어려웠다" 와이타임즈 2020.03.25

은 모두 그 올가미에 걸려있는 나약한 개인일 뿐이라는 것이다. 이와 같은 해석은 남성을 여성혐오의 공범이 아닌 페미니즘의 동맹으로 초대하려는 시도에서 기원한 것이다. 그러나 메갈리아의 여성들에게 맨박스 담론은 남성의 가해자성을 지우고, 또 다시 면죄부를 부여하는 시도로 받아들여질 뿐이었다. 그녀들에게는 한국 남성(한남충)이야말로 실체화real-ize된 여성혐오 그 자체였다. 여성이 일상에서 경험하는 남성은, 무거운 남성성의 무게와 씨름하며 여성혐오를 타개하기 위해 함께 싸우고자 하는 동료가 아니었다. 페미니스트 학자들이 보이지 않는 여성혐오 이데올로기와 씨름할 동안, 메갈리아의 여성들은 눈 앞의 한남충과 필사적으로 맞섰다.

그러한 이유로, 메갈리아의 여성들은 한국 남성을 여성혐오의 가해자로 꾸준히 지목해왔다. 남성들은 이미 존재하는 여성혐오 이데올로기를 확대 재생산하는 데 기여했을 뿐만 아니라, 지속적으로 새로운 여성혐오 담론과 전략을 개발하고, 발전시키고, 유포했다. 이러한 메갈리아의 지적이 남성의 피해자성만을 강조하는 최근 페미니즘 윤리에 중요한 비판점을 제공하고 있음을 분명히 인지해야 할 것이다.

페미니즘은 정교하게 짜여진 윤리 원칙에 따라 아무도 해치지 않는 무해한 언어 사용(정치적 올바름political correctness)을 중시하는 반면, 메갈리아는 전투적으로 혐오발언들을 차용했다. 거칠고, 공격적이고, 상스럽고, 정치적으로 올바르지 않은 언어를 도발적으로 인용하는 메갈리아는 그 핵심 원칙에서부터 페미니스트 윤리와 충돌할 수밖에 없었다. 페미니스트 학자들이 완전무결한 윤리원칙과 평화의 신조를 강조할 동안, 메갈리아의 급진적 행동파들은 도발적이고 위험한 저항 전략을 스스럼없이 활용하고 천박하고 저속한 언어로 여성혐오에 반격했다.

메갈리아의 여성들에게 페미니즘이란 나중에야 빌려온 허울 좋은 이론일 뿐이었다. 메갈리아는 어떤 대단한 윤리적, 철학적, 학문적 성찰에서 빚어져 나온 싸움이 아니다. 그것은 그저 일상 속에 침투해 있는 끔찍한 폭력과 차별에 맞서려는 여성들의 사소하고 처절한 시도였던 것이다. 그녀들의 근본적인 목표는 그저 한남충에 맞서 스스로를 보호할 수 있게 되는 것. 그 뿐이었다. 아래의 글을 보자.

지금 이 사단난 이유   2015-09-15 22:39:12

일단 초기 메갤은 우리는 남혐이 아니라 여혐혐이다, 이건 미러링이다 이런 포장하는 식의 분위기는 없었음.

(중략)

메르스갤 가서 한건 "미러링"이니 "여혐혐"이니 이런 게 아니라 씹김치남 새끼들 주제도 모르고 한국녀 가격 후려치는데 똑같이 줘패주자 이거였음.

(중략)

그러다가 타싸이트 유입이 많아지면서 "미러링"이라는 말도 생기고, "여혐혐" 이라는 말도 생겨났지.

(중략)

미러링이 아니면 어떻고, 남혐이면 어떻지? 남초커뮤니티는 여혐을 안 하는 곳을 찾기가 더 빠른데, 여자들은 자기가 남혐이니 아니니 따지고 있으니 답답한거지.

그렇게 스스로 검열하고 있으면 남자들이 만만하게 보고 더 설친다는 걸 아니까.

출처: 메갈리아 저장소 〈https://archive.md/SuBqo〉

미러링이나 여혐혐이라는 이름은, 그녀들의 사소하고 처절한 저항에 뒤늦게 붙여진 거창한 이름일 뿐이었다. 매일같이 일상을 덮치는 끔찍한 혐오에 맞서는 그녀들에게, 자신이 하고 있는 행위가 미러링인지 여혐혐(여성혐오 혐오)인지 남혐(남성혐오)인지의 문제는 중요하지 않았다. 그저 "남자들이 만만하게 보고 더 설치"지 못하도록 "똑같이 쥐패주자"는 식의 현실적인 응징이 미러링의 단순하고 궁극적인 목표였다.

여성만의, 여성에 의한, 여성을 위한 메갈리아적 가치의 등장

위에서 언급한 것처럼, 초기 메갈리아는 미러링의 윤리적 정당성에 대해 깊이 고민하지 않았다. 하지만 담론이 발전하고, 여성들 사이에 도덕과 윤리를 함께 고민하고 논의하는 경험이 쌓이면서, 유저들 사이에서 메갈리아의 정체성을 어떻게 설정할 것인가에 대한 의문이 제기되기 시작했다. 메갈리아의 미러링이 여성혐오에 대한 분노를 담은 여혐혐(여성혐오에 대한 혐오)인가, 아니면 혐오의 감정까지 그대로 가져온 남혐(남성혐오)인가? 미러링과 "도덕(과 윤리) 코르셋 버려"라는 발언의 영역은 어디까지 확장할 수 있을 것인가?

메갈노선에 대한 생각. 그리고 남혐   2015-09-10 09:48:10

초기때부터 메갈러였던 갓치인데 요즘 메갈의 노선에 대해 많이 생각하게 된다.

(중략)

메갈을 하면서 남성혐오가 생겼다. 씹치혐오말고 남성혐오.

얼마전 찻집에서 바람핀 남자친구 꺼추에 불지른 여자 기사가 올라왔는데 그러니까 누가 불에 잘타는 재질의 빤스입고자래? 같은 재치있는 미러링 댓글을 제외한 진짜 진심으로 샘통이다. 잘됐다고 생각하는 애들이 많았다.

나도 처음에는 ㅋㅋ 재밌다. 하고만 생각했는데, 한걸음 떨어져서 생각해보니까 소름끼치더라 이기.

사람 몸에 불을 지른 건 어떤 이유에서든 범죄아니냐? 그리고 그 범죄에 대해서는 끔찍하게 생각해야 하는거 아니냐?

여자가 바람이 났다고 여자 얼굴에 염산뿌리면 개씹치 범죄자이듯이 말이다.

(중략)

정상적인 생활을 하기가 너무 힘들고 항상 분노와 혐오에 물들어있다.

사실상 씹치만 미워해야하는건데 그냥 지하철, 공공장소에 있는 남자

들이 죄다 씹치에 몰카충같다.(대다수가 맞겠지만)

그래서 요즘 그냥 걸어다니는 것도 힘들고, 남자 만나는 건 꿈도 못꾼다. 죄다 혐오스러워서. (중략)

이번 메갈 논란은 미러링의 한계를 극명하게 보여준다.

분명 미러링인데 미러링이 아닌 레알 내면화한 결과인 것처럼 보일 수 있고 나중에는 그 진위 여부조차 상관없는 혐오로 빠질 수 있다는 점에서 미러링은 한계를 맞았다.(중략)

다음 단계를 생각해보자 이제.

(후략)

　　도덕과 윤리 모두에 반기를 들던 메갈리아의 여성들은 새로운 도전에 직면하게 된다. 어디까지가 미러링(여혐혐)이고 어디서부터가 내면화된 혐오(남혐)인가. 메갈리아의 여성들은 패러디의 방식으로 수행하는 혐오를 나도 모르게 내면화하고 있는 것은 아닌지 끊임없이 두려워하고 검열하였다. 이는 메갈리아에서 행했던 미러링이 지속될 경우 개인적인 남성혐오의 감정으로 발전할지도 모른다는 의심 때문이었다. 동시에 이와 같은 현상은 여성들이 끊임없이 건강한 자아성찰을 지속하였다는 사실에 대한 반증이기도 하다.

　　메갈리아의 글들을 보면, 혐오를 내면화하지 말자는 강도 높은 자아 비판을 보여주는 동시에, 다른 한편으로는 미러링하지 말고 진짜 남혐하자는 급진적인 주장이 제기되기도 한다. 왜 그녀들은 이와 같이 양가적인 모습을 보였던 것일까? "미러링이 아닌 진짜 남혐"이라고 선언하며, 페미니즘에서 부여하고자 한 윤리적 정당성(미러링) 조차 거부했던 여성들의 발언을 살펴보자.

'남혐하는게 아니야 여혐혐 하는거야' 이 말도 코르셋인 것 같다
2015-09-30 20:53:12

(선략)

길 가는 남자 2명 중 1명은 성매매를 한다. 길 가는 남자 8명 중 1명이 일베를 한다. 소라넷 회원수는 100만 명이다. 한국 남자들은 일주일에 2명씩 돌아가며 여자를 살해한다. 그 외 남자들은 방관충이거나 암묵적 동조충이다. 길 가는 여자들을 봐라. 그녀들은 전부 변태 목격, 희롱, 추행, 폭행, 강간 중 한 가지 이상 당한 경험이 있다. 주변의 건물을 둘러봐라. 카페, 식당, 대학교, 그 수많은 공중화장실 어디든 몰카가 있을 수 있다. 지금 당장도 누군가 나를 찍고 있을 지도 모른다.

(중략)

그런데도 한국 여성들, 남혐하지 않는단다. 여혐혐 한다고 그런다.
꼭 나치한테 학살당하는 유태인들이 우린 나치를 혐오하지 않는다. 유태인 혐오를 혐오할 뿐이다. 라고 말하는 것 같다. 꼭 일제강점기 지식인들이 우린 일본을 혐오하지 않는다. 한국을 침략한 것을 혐오할 뿐이다. 라고 말하는 것 같다.

(중략)

물론 처음엔 여성혐오를 하는 일면만 패려고 여혐혐을 시작했다. 하지만 이제 우리는 너무 많은걸 알아버렸다. 현실을 똑바로 직시해라. 이미 한남들이 여성을 상대로 자행하는 건 혐오가 아니라 학살, 강점의 수준이다.

(중략)

여자도 사람인데 감정적이면 왜 안 되노. 여자는 혐오라는 감정까지 현명하게 사리분별 해가면서 느껴야 되는거야?

난 여혐혐 아니야. 남혐이야. 라는 말,

우리나라에선 충분히 나오고도 남았어야 정상인 말이다. 모여서 시위하며 우리 한국 여자들은 한국 남자들을 혐오합니다! 라고 외쳐도 충분한 상황이다.

(후략)

출처: 메갈리아 저장소 〈https://archive.md/PNn6a〉

위의 글을 보면, 메갈리아의 유저들이 왜 페미니즘 윤리가 부여한 정당성(여혐혐)조차 거부하고, 남혐 집단을 자처했는지 조금이나마 이해할 수 있을 것이다. 여성들은 여성혐오 사회가 내밀하고 개인적인 감정의 영역에서 조차 여성의 책임을 묻고, 통제하려 들고 있다고 여겼다. 한국 사회는 여성의 삶을 침략하고 학살하는 여성혐오에는 침묵을 지키면서, 이에 저항하는 메갈리아에만 결벽증적인 잣대를 들이밀었다. "나는 미러링이 아닌, 남성혐오를 행하겠다"는 선언은 그런 여성혐오 사회를 향한 여성들의 처절한 절규이기도 했던 것이다.

메갈리아는 여성혐오 사회가 요구하는 도덕원칙을 파기하고, 페미니즘에서 부여하고자 한 윤리적 정당성조차 거부하며, 다양한 방식으로 가치붕괴의 순간들을 끊임없이 만들어냈다. 그녀들은 주어진 도덕과 윤리의 헤게모니를 거부하고, 여성만의, 여성에 의한, 여성을 위한 새로운 메갈리아적 가치 이데올로기를 건설하고자 했다. 나는 지금도 메갈리아의 여성들과 '매춘'을 어떻게 바라볼 것인지에 대해 밤새 토론하던 그 날을 생생하게 기억한다. 여성들은 다음과 같은 질문들을 던졌다.

매춘이 성 해방을 이룰 수 있을 것인가? 매춘 여성의 주체성을 어떻게 이해할 것인가? 자발적 성매매 여성들은 정말 자발적으로 성매매를 하게 된 것인가? 성매매는 반드시 불법화되어야 하나? 매춘은 비윤리적인가? 매춘은 여성혐오를 심화하는가?

메갈리아의 디지털 토론에는 다양한 배경의 여성들이 참여하여 서로 다른 경험을 나누었다. 여성혐오적인 도덕은 성을 수단으로 쉽게 돈 버는 여성들을 비난한다. 어떤 페미니즘 윤리는 성매매 피해 여성의 경험보다는 주체적 성매매 이론의 가능성만을 과도하게 강조하는 맹점을 가진다. 그 날의 토론은 새벽까지 이어졌고 누군가 '매춘산업의 판매자는 비범죄화하되 그 소비자를 범죄화하는 노르딕 모델'을 소개하면서 열띤 논의가 일단락되었던 걸로 기억한다. 다음 날 또 다른 누군가 메갈리아 사이트에 그날의 이야기를 요약해 소개하는 글을 올렸다. 메갈리아 사이트의 폐쇄로 현재 해당 게시물은 다시 찾아볼 수가 없게 되었지만, 당시 논의되었던 내용을 정리하여 올린 글이 있어 여기에 공유한다.

"왜 창녀 까면 안 돼?"(성구매충/성노동자에 대한 메갈리아 담론)

2015-11-15 00:00:44

(선략)

창녀가 여성인권을 낮추는게 아니라, 여권이 낮기 때문에 만들어지는 것이 "창녀"다. 그리고 여권을 낮추는 주범은 늘 그렇듯 권력집단인 "남성"들이다.

(중략)

성노동자를 까지 않는 것과 성노동을 옹호하는 것은 완전 별개의 카테고리다.

성매매 산업에서조차도 우리는 진짜 적이 누구인지를 정확히 인지해야 할 필요가 있다.

메갈리아에서 갤망할 정도로 격렬하게 토론이 일어난 적 있으니 한번 직접 읽어봐라. 꽤 재미있다.

익명갤이라고 믿기지 않을 정도로 유의미하고 심도 있는 담론이 이루어졌음.

(중략)

*메갈리아 '성매매' 토론 총정리 www.megalian.com/free/76027
*창녀 혐오는 정당한가? megalian.com/all/75890
*창녀를 타자화 하고 있는 것은 아닐까 megalian.com/all/75419
*만연한 창녀 혐오로 인해 오히려 인권구제가 어려워질 수 있다
megalian.com/all/74693
*몸을 왜 팔아? 공장만가도 숙식제공 월200은 버는데 게다가 성매매 불법이잖아 megalian.com/free/74386
*나도 진지하게 성매매를 고려했던 적이 있다 megalian.com/all/74075
*성매매를 할 뻔했던 내 이야기가 동정, 연민으로 읽히냐?

www.megalian.com/free/74807

*자발적/비자발적 성매매라는 표현에 숨겨진 진짜 의미(한남충의 고전적인 수법) megalian.com/data/10872

*비생계형 창녀 OUT(한남충의 진짜 속마음) megalian.com/free/235310

*성매매 종사자의 인권에 대해서 megalian.com/all/73750

*성매매 종사자들이 쉽게 돈을 번다고 경멸하는것에 대해 megalian.com/all/73786 *아예 성에 대해 신성시하는 틀을 깨뜨리면 어떨까 megalian.com/all/75929

*성매매산업의 유일한 피해자, 여성 megalian.com/free/76495

*성판매 비불법화+성구매 불법화 스웨덴 사례 megalian.com/data/76561

*성구매충 구분 방법 megalian.com/data/76854

*남자들이 창녀보다 일반 여성들이 더 더럽대ㅠㅠ에 대한 올바른 반응 megalian.com/free/311403

- 당사자가 기록한 이야기

*성매매 이야기1 개요+오피 시스템 megalian.com/data/135955

*성매매 이야기2 오피 안에서 일어나는 일, 폭력, 진상 megalian.com/data/136022 *성매매 이야기3 키스방 megalian.com/free/130253

*유흥 시스템과 성노동자 실상(1) megalian.com/free/245686

*룸싸롱 시스템과 실제 일 한 이야기(2) megalian.com/free/289761

*룸싸롱 시스템과 실제 일 한 이야기(3) megalian.com/free/289964

*책 추천 megalian.com/free/73172

(후략)

출처: 메갈리아

이 날 논의를 기점으로 메갈리아의 여성들이 어떤 완벽한 합의에 도달한 것은 아니다. 트롤리의 난제에 정답이 없듯, 이 문제에 대한 완전한 합의는 불가능할지도 모른다. 그러나 이러한 경험은 여성들이 함께 기존의 도덕과 윤리에 도전하고, 가치붕괴의 순간에서 주체적으로 여성주의적 가치를 창조해 나가는 방법을 훈련하는 기억이 되었다.

결국 이 단원에서 내가 하고자 하는 말은 메갈리아가 단순히 효과적이었기 때문에 정당하다거나, 반드시 필요했기 때문에 어쩔 수 없었다는 이야기가 아니다. 그들의 질문과 논의 자체에서 발견할 수 있는 의의가 있다는 말이다. 메갈리아의 여성들은 주어진 헤게모니를 있는 그대로 받아들이기를 거부했다. 그녀들은 불합리한 여성혐오 도덕을 해체하고, 비실용적인 페미니즘 윤리에 균열을 냈다. 메갈리아는 여기에서 그치지 않고, 무엇이 여성에게 진정으로 옳은 가치인지 여성들 스스로 사유하고 결정할 수 있어야만 한다고 주장했다. 여성들은 메갈리아만의 새로운 가치 이데올로기를 끊임없이 제시하고, 실험하며, 성장해 나갔다.

주디스 버틀러가 언어적 자주성^{linguistic autonomy}의 중요성을 주장했다면, 메갈리아의 여성들은 여기에서 그치지 않고 더 나아가 도덕적·윤리적 자주성^{moral/ethical autonomy}을 선언했다. 이러한 관점에서 볼 때, 메갈리아 운동은 여성의^{of the women} 여성들을 위한^{for the women}, 여성들에 의한^{by the women} 가치 이데올로기를 건설하고자 했다는 데에 그 진정한 의의가 있다.

수천 번의 가치 붕괴와 수만 갈래로 갈라진 메갈리아의 가치 이데올로기

어디까지가 분노(여혐혐)이고 어디서부터가 혐오(남혐)인지 의구심과 두려움을 동시에 가지고 있으면서도, 미러링의 필요성에만은 여성 모두가 동의했다. 그랬기 때문에 메갈리아의 도전은 계속되었다. 메갈리아의 여성들은 처음부터 끝까지 여성이 도덕과 윤리를 스스로 정의하고, 결정할 수 있어야 한다는 원칙을 굳게 믿고 고수하였다. 그들은 그 믿음을 위하여 사이트와 운동 자체의 붕괴조차 감수했던 용감한 여성들이다. 그러나 이러한 작업은 필연적으로 갈등을 야기한다. 성매매 산업을 둘러싼 토론의 예시에서 볼 수 있듯이, 어떠한 사안을 둘러싸고 절대적 가치를 결정하기란 결국 불가능에 가깝기 때문이다.

결국 여성들은 하나의 절대적 가치 이데올로기에 합의하는 것이 불가능하다는 사실에 직면하게 된다. 도덕과 윤리를 둘러싼 논의가 치열해지고, 담론이 발전하고, 가치붕괴의 순간들이 잦아지면서 모두 각자 조금씩 다른 의견을 가지게 되었다. 메갈리아가 여러 갈래의 서로 다른 운동으로 갈라지게 된 것은 결국 절대적 가치에 대한 합의의 불가능성에 있었다고 볼 수 있다.

메갈리아의 여성들은, 크게 두 가지 사건을 계기로 절대적 가치 이데올로기에 합의하는 것이 불가능한 일임을 직감하게 된다. 첫 번째 사건은 남성연대 성재기 씨의 자살 사건을 희화화하는 표현("재기해")을 둘러싼 논쟁이었다. 두 번째 사건은 게이 커뮤니티 내의 여성혐오를 폭로하는 과정에서 게이 남성을 이르는 멸칭("똥꼬충")을 차용하는 것이 정당한 미러링인가에 대한 논의였다.

2015년 8월 경, 메갈리아는 남성연대 故 성재기 대표의 자살 퍼포먼스 사건을 패러디하여 사용한 "재기해"라는 표현을 두고 한 차례 중요한 가치붕괴의 순간에 맞닥뜨렸다. '재기해'라는 표현이 나오게 된 경위는 이렇다. 몇몇 메갈리아 유저들이 故 노무현 대통령의 서거를 조롱하는 일베 용어인 "운지"를 미러링해, 성재기 씨의 이름을 "한강에 투신하여 자살하다"라는 의미의 멸칭으로 재정의하자는 제안을 한다. 그녀들은 "재기해"라는 표현을 통하여 한국 남성인권 운동을 풍자하고자 했다. 메갈리아 내부의 다른 여성들은 성재기 씨의 생전 행동이 어떠했든 간에, 사람의 죽음을 모욕하고 조롱하는 것은 비윤리적이라고 비판했다. 다음 페이지에 인용한 글은 당시 성재기 '불판'으로 메갈리아에 게시된 글이다. 참고로, 불판이란 메갈리아에서 논의 거리가 생길 때마다 하나의 게시물에 많은 여성들이 해당 주제에 대한 의견을 댓글로 달며 토론하던 방식을 말한다.

+계속 추가//((((((((불판)))))))) 성재기 토론은 여기서 하자----------
2015-09-15 11:29:33

1. 성재기 망언 미러링하는 것도 좋고 뒤진거 통쾌해하는 것도 좋지만 재기해, 샤브샤브,풍덩같은 고인드립은 하지말자
1-1) 고인드립으로 인해 여초커뮤및 여론에서 메갈이미지 손상되면 유

입끊기는건 물론이고 플젝할때 타커뮤와 연대하기 힘들어져서 플젝 망하기 쉽다

(수정) 1-2) 일베를 뛰어넘겠다는건 남초커뮤에서 악명을 떨치겠다는 말이지 고인드립 나게 치면서 여초에서까지 악명을 떨치겠다는건 아니지 냐

1-3) 고인드립이 무슨 여혐험이고 미러링이냐? 고인드립은 미러링이 아닌 단순한 일베짓이다. 코르셋을 벗자는 건 여성으로써 억눌려왔던 도덕코르셋을 벗어던지자는 거지 인간이 기본적으로 지켜야하는 도덕 조차 벗어던지자는 건 아니다.

(추가) 1-4) 지금 연대하고 있는 단체에 이미지 손상이 간다. ex)메갈4 페이지&여성민우회 등(추가)

2. 성재기 뒤진 꼬라지가 웃긴 것도 웃긴거지만 뭘 하지마라 해라 완장 질하는 꼬라지가 보기싫어서 고인드립규제 반대한다.

2-1) 봇대로 달리자고할 땐 언제고 완장차고 고인드립해라마라 고나리 질을 하나? 이렇게 규제하고 고나리질 하다보면 나중엔 죄다 규제해서 타여초와 별반 다르게 없어진다.

(수정) 2-2) 메갈을 여자일베라 불리게 하지않고 일베를 남자메갈이라 고 불리게하겠단 각오는 어딜 가고 단체로 천사병 도져서 이러고 있냐?

2-3) 고인드립치기 전부터 이미 메갈 이미지는 안좋았고 겨우 고인드 립 하나로 메갈 안하는 년들은 화력지원도 안할 허수아비니까 노상관.

(추가) 2-4) 일베 말고도 다른 남초커뮤에서는 고인드립 잘만 쳐대는데 왜 우리는 못치냐? 고인드립 규제하는 것도 다 코르셋이다.

출처: 메갈리아 저장소 〈https://archive.md/zIB0r〉

"재기해"라는 표현을 둘러싼 갈등이 단순히 '재미있고 자극적이니 사용하자', 혹은 '혐오표현이니 지양하자'라는 정도에 그치는 언쟁이 아니었다는 점에 주목해야 한다. 故 성재기의 죽음에 대한 희화화가 과연 여성혐오에 대한 미러링이 될 수 있는가? 해당 표현의 사용이 도덕 코르셋에 대한 저항인가 아니면 가치의 완전한 상실인가? 다른 여성과의 연대에는 어떤 영향을 미치는가? 해당 논의가 여성들의 발언을 통제하고 제한하려는 여성혐오 도덕의 또 다른 시도는 아닌가? 메갈리아는 진정으로 일베에 대항하는 반대악이 되어야 하는 것인가?

이러한 종류의 논의는 메갈리아만의 새로운 가치 체계를 확립하는데 반드시 필요한 과정이었다. 뿐만 아니라 여성들은 이러한 경험을 통해 주체적으로 가치를 판단하는 방법을 훈련할 수 있었다. 안타까운 점은 이 사건을 다루는 대부분의 미디어와 비평가들이 메갈리아 내부의 심도 깊은 도덕적·윤리적 성찰은 생략한 채, 표면적 기행만을 자극적으로 다루고 있다는 사실이다.[*]

메갈리아를 들썩이게 했던 "재기해"라는 표현에 대한 찬반 논쟁은 합의에 이르지 못했다. 메갈리아 운영자 측이 해당 멸칭의 사용을 금하는 것으로 결국 사건은 일단락 되었다. 이에 반발한 유저들이 메갈리아를 대거 이탈하여 '우리보지끼리'라는 새

---

[*] 예시로 다음 두 기사를 보라.
박주희 "결국 여성판 일베였나 … '메갈리아' 또 홍역" 한국일보 2016.01.07
한소범 " '일베' 맞서려다 똑같이 괴물이 된 '워마드' " 한국일보 2018.07.20

로운 커뮤니티를 만드는 해프닝이 벌어지기도 했다.

성소수자 남성 집단이 메갈리아의 도마 위에 오르게 된 것은 2015년 12월 진행된 "천하제일 개념녀" 대회에서였다.[*] 남편이 게이인지 모르고 결혼한 여성의 사연이 공유되면서, 게이 커뮤니티 내에서 향유되는 여성혐오가 메갈리아의 도마 위에 오르게 된다. 게이 커뮤니티에서 사용하는 여성에 대한 멸칭(뽈록이, 끼순이, 왕언니)들이 폭로되고, 메갈리아의 여성들은 이에 대항할 미러링 언어를 고민하기 시작했다. 몇몇 유저는 일베에서 사용되는 "똥꼬충"이라는 멸칭을 그대로 가져와 사용하자고 주장했다. 다른 유저들은 이미 존재하는 똥꼬충이라는 혐오 표현을 그대로 차용하는 것은 가부장제의 성소수자 혐오 문화를 그대로 답습하는 결과를 불러올 수도 있다며 우려를 표했다. 메갈리아의 여성들은 찬성과 반대로 나뉘어 심도 있는 논의를 이어갔다.[**] 한편이 사건은 메갈리아 내에서 그간 금단의 영역으로 여겨지던 소수자 커뮤니티 내부의 여성혐오 문화에 대한 폭로를 촉발시켰다.

> 메갈리아에서 여성들은 한국 사회 모든 분야에서 발생하는 여성 억압과 피해를 고백했다. 고백의 물결은 거칠 것이 없었고, 그동안 사회운동 내에서도 비판이나 이의제기를 쉬이 할 수 없어 금단의 영역으로 인식되던 장애인과 성소수

---

[*] 천하제일 개념녀 대회에 대해서는 챕터2에서 이미 상세히 서술한 바 있다.
[**] 페미위키 〈https://femiwiki.com/w/메갈리아_분열(2015년_12월)〉

자 내의 피해까지 폭로 되었다. 남성 장애인을 위한 봉사 활동과정에서 발생한 성추행, 성봉사의 실체와, 성소수자 내에서 벌어진 이성애자 여성과 레즈비언 여성 비하 등 그 동안 가려졌던 사실들이 폭로되었다.

출처: 《근본없는 페미니즘》 '모든 것은 고소로 시작되었다'

메갈리아의 여성들은 게이 커뮤니티 내의 여성혐오에 어떻게 대항할 것인지 결국 이렇다 할 만한 결론에 이르지 못했다. 똥꼬충 표현에 대한 찬반 양측은 앞으로도 결코 타협하지 못할 것이라는 결론에 다다르게 된다. 결국 여성들은 해당 쟁점을 개인의 가치판단에 맡기기로 결정한다. 새로운 가치 이데올로기를 완성하는 데에 실패한 메갈리아는, 이 사안에 대해 "쓸 사람은 쓰고 안 쓸 사람은 쓰지 마"라는 식의 "전략적 침묵"을 유지하기로 한다. 이러한 전략적 침묵은 정치적인 의미를 지닌다. 사안에 대한 침묵은 서로 다른 의견을 가진 여성들 간의 연대를 지속시켰고, 메갈리아의 가치붕괴 실험이 더 멀리 뻗어 나갈 수 있도록 허락했다. 그러나 동시에 메갈리아 내부에 성소수자 커뮤니티에 대한 부당한 혐오의 싹을 틔우는 계기가 되기도 했다.

다시 한번 말하지만, 이 글에서는 앞서 말한 쟁점들에 대한 가치판단을 유보한다. 주목해야 할 점은, 메갈리아의 미러링 담론을 시작으로 여성들 사이에서 이전까지는 보지 못했던 첨예한 도덕적, 윤리적 사유가 지속적으로 이루어졌다는 사실이다.

"도덕 버려"라는 구호는 처음부터 끝까지 메갈리아의 가장 뜨거운 쟁점이었다. 이것은 비도덕적이고 비윤리적인 여성집단이 되겠다는 무책임한 다짐이 아니다. 오히려 남성중심사회가 일방적으로 규정해온 도덕 헤게모니를 깨부수고, 그들에게 빼앗겨버린 도덕과 윤리의 결정권을 여성에게 되찾아오겠다는 의지의 발현이다. "도덕 버려" 라는 구호는 여성의 가치는 여성이 직접 정의할 것이라는, 윤리적 자주성에 대한 여성들의 집단적 선언인 것이다.

메갈리아의 이러한 작업은 한국 사회의 여성혐오에 실질적인 영향을 미쳤다. 우리는 이를 "몰카 찍히지 마세요"에서 "몰카 찍지 마세요"로 변화하는 한국의 공익광고 문구들을 보며 이미 체감한 바 있다. 메갈리아는 어쩌면 가치의 헤게모니를 남성들로부터 빼앗아 오겠노라고 감히 선언한 최초의 온라인 여성운동이 아닐까. 한국의 페미니즘 학계는 이렇게 용감한 여성들의 존재를 기억하고, 그들의 도전에서 배워야 할 것 이다.

메갈리아는 자멸하였는가?

어느덧 포스트 메갈리안 시대에 이른 여성 운동의 분열은 메갈리아의 도덕과 윤리 담론이 점차 진전되고 다양화되면서 나타난 자연스러운 결과가 아닐까 한다. 여러 갈래로 나누어진 가치 이데올로기의 존재는 새로운 노선을 선택한 파생 커뮤니티들의 탄생으로 이어졌다. 메갈리아에서 각성한 여성들은, 자신만의 다양한 가치 체계를 정립한 뒤, 다양한 포스트 메갈리안 운동으로 스며들어갔다.

워마드는 다양한 포스트 메갈리아 여성 운동 노선 중의 하나로 탄생했다. 워마드는 한국의 페미니즘이 잘못되고 있다는 주장의 근거로 많이 제시된다. 스스로를 완전한 남성혐오 커뮤니티로 정체화한 워마드가 과연 가치를 잃어버린 운동인가 대한 평가는 여기에서 다루지 않겠다. 중요한 점은 워마드만이 메갈리아에서 파생된 유일한 여성운동 커뮤니티가 아니라는 것이다.

2015년 메갈리아 사이트의 폐쇄 이후에도, 2016년 소라넷 폐쇄, 2017년까지 지속된 임신중절 합법화 시위처럼 여성 인권 신장 운동은 멈추지 않고 지속되었다. 여초커뮤니티인 '여성시대'에는 2022년 1월 30일에 "[스크랩][흥미돋]페미니즘 운동해서 뭐가 달라졌나 싶은 여시들 들어와"라는 제목으로 메갈리아와 그 이후 여권신장 운동의 역사를 다룬 글이 게시된 바 있다.*

이 게시글은 메갈리아와 그 이후 지속되어온 여성 인권 신장 운동의 역사를 다루고 있다. 2016년의 소라넷 폐쇄와 2017년까지 지속된 임신중절 합법화 시위, 2018년 첫 페미니스트 서울시장 후보의 출마, 2018년 웹하드 카르텔 고발 운동, 2019년 〈82년생 김지영〉 영화의 흥행, 2020년 여성의당 창당, 2020년 디지

---

* 링크: 다음 카페 여성시대 〈https://m.cafe.daum.net/subdued20club/ReH-f/3665750?searchView=Y〉

털 성범죄 근절 대책 정부 발표 등, 메갈리아 사이트의 폐쇄 이전과 이후에 일어난 여러 기록들을 상세하게 담고 있다. 여성들은 여전히 유연하게 연대하며, 서로 다른 모습으로 목소리 내기를 멈추지 않고 있다. 메갈리아의 유산은 이러한 방식으로 계속 이어져 나가고 있다.

Chapter 6

메갈리아 운동의 끝과
그 이후

Chapter 6

메갈리아 운동의
끝과 그 이후

메갈리아는 여성혐오 사회가 정한 가치의 헤게모니를 거부하고, 여성만의, 여성을 위한, 여성에 의한 가치를 재정의해내고자 했다. 도덕과 윤리 이데올로기의 끊임없는 해체는 결국 메갈리아 자체를 해체시키고야 말았다. 그러나 이것은 이후 여성들 간 연대가 불가능함을 암시하는 것이 아니다. 메갈리아에서 활동하던 여성들은 지금도 각자의 자리에서 각자의 방식으로 메갈리아의 싸움을 이어나가고 있다. 같은 목표를 향해 나아가는 여성들은 언젠가 어디에선가 다시 만나 연대할 것이다.

평화를 향해

메갈리아의 시대는 저물고, 바야흐로 포스트 메갈리아의 시대가 도래하고 있다. 한국의 여성혐오 이데올로기는 "여남 간 성대결"을 멈추고 여성과 남성이 서로를 용서해야 한다고 요구한다. 이제 비폭력적이고 평화적인 운동을 하자고 한다. 그러한 요구는 역시, 아직까지도 남성이 아닌 여성들을 향해 있다.

한국 사회가 진정으로 여남 간의 화합과 평화를 이루기 위한 방법은 무엇인가. 그 첫 번째 단계는 사회정의의 구현이다. 메갈리아는 여성혐오로 만연한 한국사회를 향한 여성들의 자기방어 메커니즘이었다. 폭력으로부터 여성을 보호하고 차별을 예방할 수 있는 정의구현의 메커니즘을 바로 세운다면, 여성들에게 미러링과 같은 전투적 자기방어 역시 필요하지 않게 될 것이다.

내전과 같은 심각한 갈등을 겪는 국가에서 평화 재건 프로세스를 연구한 카렌 브루네우스Karen Brounéus는 "피해자와 생존자들에게 - 사회의 공공의 이익을 위해 - 가해자를 용서하라고 일방적으로 요구하는 것은 윤리적으로 의심스러우며, 오히려 역효과를 낳을 수도 있다"고 보았다. 한국 사회의 여남 화합을 위해, 여성들에게 일방적인 용서와 양보를 요구하는 것은 효과가 없는 제안이며, 윤리적으로도 문제가 있다.

평화를 위해서는 과거의 폭력을 기억해야만 한다. 수많은 여성들이 여성혐오로 고통받고 있다는 사실을 인정하고, 안전과 정의구현을 요구하는 그녀들의 목소리에 귀를 기울여야 할 것이다. 정의를 재정립하는 것은 가해자들에게 합당한 처벌을 내리는 일이다. 또한 구조적인 차별을 철폐하고, 미래에 있을 폭력과 억압, 차별에 맞서 여성을 보호할 수 있는 예방적 조치를 구성하는 일이다. 사회정의의 재정립 없이, 여성들에게 평화와 비폭력의 정신 따위를 설파하는 일은, 여성혐오의 폭력과 차별을 지속시키고 재생산하는 효과만을 낼 것이다.

메갈리아의 끝

우리는 메갈리아 운동의 끝을 어떻게 이해할 것인가 고민해보아야 한다. 메갈리아 사이트의 폐쇄는 운동의 실패를 의미하는가? 메갈리아 운동의 핵심이었던 미러링 전략은 여성혐오를 전시하고 문제제기 하는 데에 그 목적이 있었다. 온라인 여성혐오나 혐오발언, 디지털 성범죄에 대한 경각심은 이제 한국 사회 전반의 화두로 떠올랐다. 그러한 의미에서 메갈리아의 미러링은 의심할 여지없이 대성공을 거두었다고 할 수 있겠다. 더 이상 그 누구도 한국 사회에 여성혐오의 존재를 의심하지 않는다. 또한 한국 여성들은 메갈리아를 통해 여성혐오에 반격하고, 폭력과 차별로부터 스스로를 방어하는 법을 배웠다.

이러한 의미에서, 메갈리아는 결국 그 사회적 소명을 다했기 때문에 자연스럽게 소멸하게 된 것이 아닐까 한다. 하나의 사회 운동이 종말을 맞았다고 해서 섣부르게 실패한 운동으로 평가해서는 안될 것이다. 메갈리아 덕분에 정상적이고 당연한 것으로 여겨지던 여성혐오 문화는 철저하게 조사되고, 전시되었다. "여성혐오는 존재하고 있으며, 여성을 억압하고 희생시킨다"라는 메갈리아의 핵심 정신은 사라진 것이 아니다. 메갈리아가 제안한 가치 이데올로기는 한국 사회 전체로 스며들어 새로운 헤게모니로 자리하게 되었다.

아직, 메갈리안

메갈리아에서 활동했던 여성들은 모두 자신의 자리에서 지속적으로 발언하고, 글을 쓰고, 시위에 참여하고, 여러 프로젝트들에 동참할 것이다. 이러한 예측은 단순히 낙관적인 예언 따위가 아니다. 이 글의 초안을 적고 있던 2018년 당시에도 탈코르셋 운동과 같은 포스트 메갈리아 운동이 활발하게 이어지고 있었다.* 메갈리아에서 발언하고 행동하던 여성들은, 이제 메갈리아

---

* 탈코르셋 운동: 한국에서 일어난 여성주의 운동의 하나로, 긴 머리, 화장, 하이힐, 섹스 어필 하는 복장 등을 여성에 대한 억압이자 성적 대상화로 규정하고 여성들이 주체적으로 이를 거부하고자 했던 운동이다. 운동에 참여했던 여성들은, 긴 머리를 짧게 자르고, 화장품 소비를 거부하는 등의 저항을 이어 나갔다. 이러한 여성들의 노력은 2017~2018년 2년간 성형외과 매출 600억원 이상, 화장품 판매액 500억원 이상, 여성 의류 판매 300억 원 이상의 소비 감소를 야기하고, 2019년 5월 OECD포럼에 한 한국 여성이 참석하여 해당 운동을 소개하게 되기도 하는 등 한국 사회에 강렬한 영향을 미쳤다. 당시 탈코르셋 운동은 외신의 열렬한 관심을 받기도 했다. 다음 기사들을 보라. Haas, B *"Escape the corset': South Korean women rebel against strict beauty Standards"* 〈The Guardian〉 2018.10.26 (246쪽으로 이어짐)

바깥으로 나와 다양한 방식으로 자신만의 목소리를 꾸준히 내고 있다. 이 책의 출판이 바로 그 증거이다. 메갈리아 사이트의 폐쇄 이후에 혜화역 시위에서 보았던 "내가 메갈이다"라는 푯말, 탈코르셋 운동, 웹하드 카르텔 고발 운동, N번방 사건 공론화, 여성의당 창당 등이 모두 그 증거이다. 그녀들은 모두 이렇게 말할 것이다. 메갈리아는 사라졌지만 우리는 아직, 메갈리안이다. 그리고 우리의 싸움은 끝나지 않았다.

Bicker, L *"Why women in South Korea are cutting 'the corset'"* 〈BBC〉 2018.12.10

Oppenheim, Maya. *"South Korean women destroying makeup in protest against stringent beauty standards"* 〈Independent〉 2018.10.29

Stevenson, Alexandra *"South Korea Loves Plastic Surgery and Makeup. Some Women Want to Change That"* 〈The NewYorkTimes〉 2018.11.23

Jeong, Sophie *"Escape the corset: How South Koreans are pushing back against beauty standards"* 〈CNN〉 2019.01.11

Kuhn, Anthony *"South Korean Women 'Escape The Corset' And Reject Their Country's Beauty Ideals"* 〈NPR〉 2019.05.06

참고문헌 - 가나다 순

경향신문 사회부 사건팀 기획 《강남역 10번 출구, 1004개의 포스트잇》 나무연필 2016.

권김현영 《대한민국 넷페미사》 나무연필 2017.

김익명·강유·이원윤·국지혜·희연·이지원·정나라·박선영 《근본없는 페미니즘 - 메갈리아부터 워마드까지》 이프북스 2018.

김보화·김은희·김홍미리·나영·박은하·박이은실·손희정·엄혜진·윤보라·은하선·조서연·홍태희, 《그럼에도, 페미니즘 - 일상을 뒤집어보는 페미니즘의 열두 가지 질문들》 은행나무 2017.

이길호 《우리는 디씨 - 디시 잉여 그리고 사이버 스페이스의 인류학》 이매진 2012.

천관율·정한울 《20대 남자 - '남성 마이너리티' 자의식의 탄생》 시사IN북 2019.

Brounéus, Karen, *Reconciliation: Theory and practice for development cooperation*, Sida, 2003.

Fanon, Franz, *The wretched of the earth*, Grove Press, 2021.

Goodwin, J., Jasper, J., and Polletta, F., *Passionate politics: Emotions and social movements*, University of Chicago Press, 2001.

Kleinman, Arthur, *What really matters: Living a Moral Life amidst Uncertainty and Danger*, Oxford Univ Press, 2007.

Nussbaum, Martha C., *Hiding from Humanity: Disgust, Shame, and the Law*, Princeton University Press, 2006.

Scott, James C., *Weapons of the Weak*, Yale University Press, 1985.

논문

김리나 "메갈리안들의 '여성' 범주 기획과 연대="중요한 건 '누가' 아닌 우리의 '계획'이다." 〈한국여성학〉 제33권 3호 2017.

김수아 "온라인상의 여성 혐오 표현" 〈페미니즘 연구〉 제15권 2호 2015.

김학준 "인터넷 커뮤니티 일베저장소에서 나타나는 혐오와 열광의 감정동학" 서울대학교 대학원 석사학위 논문 2014.

모현주, "화려한 싱글과 된장녀 : 20, 30대 고학력 싱글 직장 여성들의 소비의 정치학" 〈사회연구〉 제15호 2008.

배은경 "군가산점제 / 소동에서 논쟁으로 : 군가산점 논란의 지형과 쟁점" 〈여성과 사회〉 제11권 2000.

엄진 "전략적 여성혐오와 그 모순: 인터넷 커뮤니티; 일간베스트저장소'의 게시물 분석을 중심으로" 〈미디어 젠더&문화〉 제31권 제2호 2016.

우승정 "젠더 패러디: 젬스의 여왕 크리스티나와 처칠의 클라우드 나인 연극 비교" 〈현대영어영문학〉 제58권 제3호 2014.

윤보라 "일베와 여성 혐오 : "일베는 어디에나 있고 어디에도 없다" 〈진보평론〉 제57호 2013.

윤지영 "현실의 운용원리로서의 여성혐오 : 남성공포에서 통감과 분노의 정치학으로" 〈철학연구〉 제115집 2016.

이광석 "온라인 정치 패러디물의 미학적 가능성과 한계" 〈한국언론정보학보〉 제48권 제4호 2009.

한희정 "사이버 성폭력에 맞서 싸운 여성들: 불법 촬영물을 중심으로" 〈미디어 젠더&문화〉 제33권 제3호 2018.

Chun, Elaine W., *"The meaning of Ching-Chong: Language, racism, and response in new media"*, Raciolinguistics: How language shapes our ideas about race, 2016.

De Lauretis, Teresa, *"The violence of rhetoric: Considerations on representation and gender"*, Semiotica, Vol. 54, no. 1-2, 1985.

Hansson, Niklas and Jacobsson, Kerstin, *"Learning to Be Affected: Subjectivity, Sense, and Sensibility in Animal Rights Activism"*, Society&Animals, 22(3), 2014.

Kurtović, Larisa, *"'Who Sows Hunger, Reaps Rage': On Protest, Indignation and Redistributive Justice in Post-Dayton Bosnia-Herzegovina"*, Southeast European and Black Sea Studies, 15:4, 2016.

Schoen Robert and John Wooldredge. *"Marriage choices in North Carolina and Virginia, 1969-71 and 1979-81"*, Journal of Marriage and the Family, Vol. 51, No. 2, 1989.

Theodossopoulos, Dimitrios, *"The Ambivalence of Anti-Austerity Indignation in Greece: Resistance, Hegemony and Complicity"*, History and Anthropology, Vol. 25, No. 4, 2014.

Van Doorn, Janne, *"Anger, feelings of revenge, and hate"*, Emotion Review, Vol. 10, No. 4, 2018.

Yang, Sunyoung. "*'Loser' aesthetics: Korean internet freaks and gender politics*", Feminist Media Studies, Vol. 19, No. 6, 2019.

신문 기사

Singh, Emily "Megalia: South Korean Feminism Marshals the Power of the Internet" 〈Korea Expose〉 2016.07.30.

Zhang, Michael "Woman Slammed for Posting Photo of Her 'Fine' Doctor Without Consent" 〈PetaPixel〉 2019.04.16.

웹자료

한국사이버성폭력대응센터 "2020 한국 사이버 성폭력을 진단한다" 〈https://www.cyber-lion.com〉 2019.

기타 (강의록)

Kleinman, Arthur "*Experience and its moral modes: Culture, human conditions, and disorder*" Tanner lectures on human values 1999.

사회운동에 있어서 감정 역동이 가진 중요성 관련 연구와 논문

단행본

Flam, Helena and King, Debra 《*Emotions and social movements (Routledge advances in Sociology)*》 Routledge 2005.

Goodwin, J., Jasper, J., and Polletta, F., 《*Passionate politics : Emotions and social movements*》 University of Chicago Press 2001.

논문

Franquesa, Jaume "*Dignity and indignation: Bridging morality and political economy in contemporary Spain*" Dialectical Anthropology Vol.40, No.2, 2016.

Hansson, Niklas and Jacobsson, Kerstin "*Learning to Be Affected: Subjectivity, Sense, and Sensibility in Animal Rights Activism*" Society&Animals 22(3), 2014.

Jasper, James M., "*Emotions and Social Movements: Twenty Years of Theory and Research*" Annual Review of Sociology Vol. 37, 2011.

Jasper, James M, and Poulsen, Jane D., "*Recruiting Strangers and Friends: Moral Shocks and Social Networks in Animal Rights and Anti-Nuclear Protests*" Social Problems Vol. 42 No. 4, 1995.

Kurtović, Larisa "*Who Sows Hunger, Reaps Rage': On Protest, Indignation and Redistributive Justice in Post-Dayton Bosnia-Herzegovina*" Southeast European and Black Sea Studies 15:4, 2016.

Theodossopoulos, Dimitrios The Ambivalence of Anti-Austerity Indignation in Greece: Resistance, Hegemony and Complicity" History and Anthropology 25:4, 2014.

Wright, Fiona "*Palestine, My Love: The Ethico-politics of Love and Mourning in Jewish Israeli Solidarity Activism*" American Ethnologist Vol. 43, 2016.

아직, 메갈리안 - 메갈리아에 대한 인류학적 고찰

초판 1쇄 인쇄 2023년 9월 4일
초판 1쇄 발행 2023년 9월 12일

지은이 이원윤
펴낸이 유숙열 | 편집 조박선영 | 교정 전영규 | 디자인 임지인 | 마케팅 김영란
제작출력 교보피앤비

펴낸 곳 이프북스 ifbooks | 등록 2017년 4월 25일 제2018-000108
주소 서울 은평구 연서로71 살림이5층 | 전화 02-387-3432 | 팩스 02-3157-1508
페이스북 www.facebook.com/ifbooks | 인스타그램 @if_book_s
유튜브 https://www.youtube.com/@ifbooks1095
홈페이지 www.ifbooks.co.kr

ISBN 979-11-90390-31-6